33 MÄNNER IN 33 NÄCHTEN

Siena Schneider

33 Männer in 33 Nächten

Ein erotisches Experiment

Schwarzkopf & Schwarzkopf

INHALT

Vorwort

Ich erinnere mich noch gut an den letzten Herbst. Mit meinem Freund war gerade Schluss und ich hing ziemlich durch. Von einer Freundin hatte ich einen Gutschein für ein Single-Dating-Portal geschenkt bekommen. Ich erhielt Zuschriften von Männern, die auf der Suche nach einer ernsthaften Beziehung waren, aber darauf hatte ich gerade überhaupt keine Lust. Sex ja, Beziehung nein. Also meldete ich mich »just for fun« bei verschiedenen Seitensprungportalen an.

Warum? Ein bisschen aus Liebeskummer – statt Schokolade –, ein bisschen aus Neugier und Abenteuerlust, ein bisschen aus purem Spaß am Sex.

Warum im Internet? Mir war nicht nach langem »Vorspiel« mit Telefonaten und Verabredungen, ich wollte einfach nur unverbindliche, kurzlebige Männerbekanntschaften. Und irgendwann konnte ich dann nicht mehr aufhören …

Warum verheiratete Männer? Da konnte ich sicher sein, dass keiner ernsthafte Absichten hatte – dachte ich zumindest. Und neugierig war ich natürlich auch.

Ein Seitensprung kann immer mal passieren. Aber was sind das für Männer, die vorsätzlich aufs Fremdgehen aus sind?

Was ich erlebt habe, welche Art von Männern ich da getroffen habe, hat mich dann so erstaunt, fasziniert, amüsiert, erschreckt und begeistert, dass ich dachte, das wäre Stoff für ein Buch …

Von mir gab es kein Foto. Einige Männer sind von ziemlich weit angereist, um eine Frau zum Sex zu treffen, von der sie nur ein paar Eckdaten hatten: schlank, blond, blaue Augen.

Ziemlich heiß fand ich das Date in einer Sauna und extrem peinlich das Treffen mit dem Mann meiner Kosmetikerin. Schräg waren die Dates bei einem Familienvater zu Hause und bei einem Arzt in der Praxis. Und dann war da noch der Typ, der zum Date in einem Fußballfanbus anreiste! Aber immerhin, bei drei Männern hat es richtig gekribbelt ...

Nach Mann Nummer 16 lagen ein Strauß roter Rosen und eine Botschaft von meinem Exfreund vor meiner Haustür. Er schrieb, dass er noch mal neu mit mir beginnen wolle.

Gibt es einen Weg zurück?, fragte ich mich, aber tief in mir drin kannte ich die Antwort bereits: Nein. Es gab keinen Weg zurück zu ihm. Es war zu spät. Mit dieser Erkenntnis setzte ich mich an meinen PC und klickte auf das nächste Profil.

Und irgendwann kam der Mann, in den ich mich auf den ersten Blick verliebt habe und mit dem ich heute noch zusammen bin ...

DER MATHELEHRER

Thomas, Nickname: Teddy_8

Profil: Wie jeder hier bin ich der absolute Supermann, verwöhne dich von Kopf bis Fuß, massiere und trage dich auf Händen. Was davon stimmt, kannst du nur rausfinden, wenn du dich meldest. Meine Motivation hier: Ich bin süchtig nach dem Prickeln des Verbotenen, dem Neuen, süchtig nach Sex. Mit einer Affäre will ich nichts aufs Spiel setzen, kann aber trotzdem der Versuchung einfach nicht widerstehen. Was suche ich hier? Eine unkomplizierte prickelnde Affäre. Richtig guten Sex gibt es eigentlich nur außerhalb der Ehe. Melde dich und finde heraus, ob es stimmt!

Eigentlich begann alles mit ihm. Thomas, genannt Teddy. Ein paar Tage nachdem ich mich bei diversen Seitensprungportalen im Internet angemeldet hatte, flatterte mir sein Profil ins Postfach. Groß, athletisch gebaut, dunkelblonde Haare, braune Augen, süchtig nach Seitensprung-Sex. Auf seinem Profilfoto sah er richtig gut aus. Lässig und braun gebrannt, mit Dreitagebart, stand er auf der Skipiste und grinste frech in die Kamera. Der Typ Mann, der mir auch auf der Straße aufgefallen wäre.

Zwei Tage lang bin ich noch etwas unentschlossen um den Computer herumgeschlichen, doch dann habe ich ihm kurz geschrieben. *Hi, ich bin Siena, dein Profil gefällt mir, wie wär's, wenn wir uns mal treffen?*

Einen Tag später, gegen 6.30 Uhr am Morgen, kam seine Antwort: *Hallo Unbekannte, was für eine schöne Überraschung, von dir zu hören. Ich will dich unbedingt rasch kennenlernen. Nächste Woche bin ich ein paar Tage verreist, melde mich dann aber unverzüglich bei dir wegen eines Dates.* Das hat er dann auch getan und ich bin hingegangen.

Vorstadtidylle. Eine dieser schmucken, weiß getünchten Reihenhaussiedlungen, wo jeder Hauseingang gleich aussieht. Beinahe gleich. Den einen schmückt ein sorgsam selbst gebasteltes Herz aus Kastanien, den anderen ein kunterbuntes Trockenblumengesteck.

In einem dieser Reihenhäuser wohnt Thomas, genannt Teddy, was ein bisschen nach Stofftier klingt.

Wir haben uns noch nie gesehen, noch nie miteinander gesprochen, aber er hat mich gleich in der zweiten Mail zu sich nach Hause zum Sex eingeladen. *Freitagabend bin ich allein zu Hause, allerdings habe ich zwei Kinder. Wenn du mutig bist, kannst du gerne ab 20.30 Uhr auf ein Glas Wein vorbeikommen, dann schlafen die Kinder. Im Zweifelsfall bist du eben eine Kollegin,* schrieb er und schickte gleich noch seine komplette Adresse mit Festnetztelefonnummer hinterher.

An seiner Haustür hängt ein liebevoll bemaltes hölzernes Herzlich-willkommen-Schild. Ich muss nicht klingeln, Teddy macht sofort die Tür auf.

»Hallo Siena.« Er mustert mich eingehend. Macht einen großen Schritt nach draußen, sieht sich rasch um, schiebt mich dann wortlos hinein.

Im Flur stehen fein säuberlich geordnete Kinderschuhe, an der Garderobe hängen Jacken und Mäntel. Es riecht leicht nach Essen. Wahrscheinlich von ihm selbst gekocht.

Er hat eine Teilzeitstelle als Lehrer und kümmert sich um den ganzen Haushalt, einschließlich Kochen, Putzen und Wäsche. Seine Frau sei in der Rollenverteilung der klassische Mann, der nur gelegentlich mal hilft, schrieb er.

Eintopf? Blumenkohl? Wirsing? Ein komischer Geruch liegt in der Luft. Alles andere als sexuell anregend. Ich überlege, ob ich gleich wieder gehe.

»Da geht's lang«, sagt Teddy und führt mich in sein Wohnzimmer. Alle Vorhänge sind penibel zugezogen. Auf dem Tisch, einem dieser Glastische mit Holzrand, wie er in Mittelklassemöbelhäusern zuhauf verkauft wird, stehen eine entkorkte Rotweinflasche und zwei Gläser. In der Mitte brennen zwei Kerzen. Teddy setzt sich auf die beigefarbene Couch, ich mich neben ihn. »Und?«, fragt er, räuspert sich ein wenig und gießt den Rotwein in die Gläser.

»Was und?«

Er sieht mich ermunternd an. »Gefällt dir, was du siehst?«

Ich nehme das Glas und sehe ihn mir genauer an. Er sieht gut aus, genau wie auf seinem Foto. Etwas weniger gebräunt, etwas weniger Dreitagebart. Jeans, ein eng anliegendes dunkles Shirt, das seinen offenbar gut trainierten Oberkörper bedeckt, kurze, dunkelblonde Haare. Er riecht gut, frisch geduscht. Nach einem herben Männerduschgel. In einer Kneipe, in einer dunklen Ecke, irgendwo anders, hätte ich richtig scharf auf diesen Typen werden können. Aber hier? In dieser Familienidylle mit dem Eintopfgeruch?

»Bin ich dein erstes Date?«, frage ich.

»Ich hatte vor dir schon zwei Blind Dates, davon waren fünfzig Prozent schrecklich, die anderen fünfzig Prozent haben sich gelohnt. Um Wahrscheinlichkeitsberechnungen anstellen zu können, muss der Feldversuch noch ausgeweitet werden.« Er rückt näher. »Wir müssen leise sein, mein Sohn hat einen ziemlich leichten Schlaf. Wenn er plötzlich in der Tür steht, bist du eine Kollegin aus meiner Schule.«

»Ja, klar.« Ich trinke mein Glas mit großen Schlucken leer, spüre den Alkohol, will Sex mit diesem Mann, will ihn nicht.

Zumindest nicht hier. »Ist denn in deiner Schule nichts dabei für einen Seitensprung? Keine Kollegin?«

»Zu alt, zu dick oder zu hässlich.«

Teddy rückt noch näher, fasst etwas unbeholfen in meinen Ausschnitt, beugt sich mit einem Mal ganz nah zu mir, kommt mir vor wie ein tapsiger Bär.

»Ich liebe Sex, ich bin süchtig danach, kann nicht genug bekommen«, murmelt er dabei. »Meine Frau versteht das nicht, sie kann nicht genießen, was ich zu geben habe.«

Er küsst mich. Er küsst gut. Kommt in Fahrt. Hätte ich nicht gedacht nach seinen ersten unbeholfenen Berührungen. Mit einer schnellen Bewegung zieht er mich zu sich auf den Schoß.

Direkt vor meinen Augen habe ich jetzt ein dunkelbraunes Holzregal, auf dem gerahmte Bilder stehen. Fröhliche Kinder im Schnee. Eine blonde Frau, hübsch, etwas mollig, die mir unbeschwert entgegenlacht.

Die spitzen, hohen Absätze meiner Stiefel bohren sich in die beigefarbenen Couchpolster. Ich frage mich kurz, wie er die Abdrücke seiner Frau erklären will. Es scheint ihn nicht zu stören. Er stöhnt. Nestelt mit einer Hand an seiner Hose, schiebt mit der anderen Hand meinen Rock hoch. Holt seinen Schwanz aus der Jeans. Einen ziemlich guten Schwanz. Ziemlich lang, ziemlich dick.

Er packt mich an den Hüften, bewegt seinen Unterkörper hoch und runter, reibt seinen Schwanz an meinem String. Die Fotos auf dem Sideboard verschwimmen vor meinen Augen. Jetzt will ich ihn. Auch hier. Plötzlich stöhnt er lauter, bäumt sich kurz auf. Kommt. Einfach so. Mein String wird feucht von seinem Sperma. Tja …

Er schlingt kurz die Arme um mich. »Das war erst der erste Durchgang«, flüstert er etwas heiser in mein Ohr. »Ich kann siebenmal hintereinander.« Er schiebt eine Hand in meinen String.

14

»Jetzt bist du dran.« Mit dem Zeigefinger berührt er genau die richtigen Stellen. Er macht mich heiß, richtig heiß.

Sein Schwanz ist tatsächlich wieder so prall und hart, als hätte er seit Wochen nicht mehr abgespritzt.

»Warte!« Er steht auf, lässt mich sanft auf die Seite gleiten. »Ich hol einen Gummi.« Mit halb offener Hose verschwindet er aus dem Wohnzimmer. Ich greife nach dem Rotweinglas. Daran hätte er auch vorher denken können. Schließlich waren wir ja nicht zur Mathenachhilfe verabredet, sondern zum Sex. Auf einmal geht die Tür auf.

»Papi?« Ein halbhoher Knirps mit verwuschelten dunkelblonden Locken, schlafroten Wangen und einem abgegriffenen grauen Stoffhasen im Arm kommt ins Zimmer.

Shit! Ich schlage meine Beine übereinander, ziehe gleichzeitig meinen Rock nach unten, um alles zu verdecken, soweit das bei diesem Rock überhaupt möglich ist, und überkreuze die Arme vor meiner halb offenen Bluse. Der Knirps betrachtet mich höchst neugierig. »Wer bist du denn?«, fragt er dann.

»Dein Papi und ich, wir sind Kollegen und wir mussten was besprechen. Für die Schule.«

Der Knirps drückt den Stoffhasen enger an sich. »Und wo ist mein Papi?«

Das würde mich auch brennend interessieren!, denke ich mir.

Nach einer gefühlten Ewigkeit, in der wir, der Knirps und ich, uns ansehen, kommt Teddy endlich wieder ins Zimmer. Sieht seinen Sohn, schluckt, packt ihn am Arm. »Bin gleich wieder da, wir machen gleich weiter«, ruft er mir zu und verschwindet mit dem Knirps.

Nee, danke. Ich will nur noch weg von hier. Ich knöpfe meinen Mantel bis oben zu und gehe. Mathe war noch nie mein Ding. Aber meine Neugier ist geweckt. Ich gehe nach Hause und öffne das nächste Profil.

HEISSER ALS SAUNA

Ben, Nickname: Benni_30

Profil: Wie du sehen kannst, bin ich ein schlanker, durchtrainierter, sportlicher Typ, habe solariumgebräunte Haut und dunkelbraune Haare. Ich besitze Charme, Niveau und jede Menge Einfühlungsvermögen. Da in mir sehr viele erotische Fantasien und Wünsche stecken, hoffe ich, auf diesem Wege jemanden zu finden, mit dem ich sie ausleben kann und dem es ebenso geht. Viel Spaß macht es mir, eine Frau so zu verwöhnen, dass sie sich vergisst und sich ihren Gefühlen vollkommen hingibt. Trau dich einfach. Wenn du mir schreibst, sende ich dir auch meine Handynummer für ein spontanes Treffen. Hoffentlich auf bald.

Es ist ein schöner, sonniger Nachmittag. Genau richtig, um nach einem langen Tag im Büro in einem Café genüsslich in der Sonne zu sitzen, aber völlig unpassend, um in die Sauna zu gehen. Doch genau dort, im Saunabereich einer Wellness-Therme, bin ich mit Ben verabredet. 16 Uhr in der Kräutersauna.

Ich habe noch versucht, ihn zu einem Date an der frischen Luft zu bewegen, doch er bestand auf diesem Treffpunkt. Aus gutem Grund, wie ich bald erfahren sollte.

Ich bin in der Umkleide, ziehe mich aus und überlege, wie wir uns erkennen sollen. Er weiß nicht, wie ich aussehe. Und das Foto in seinem Profil zeigt ihn auf einem Rennrad mit einem schwarzen Helm, den er vermutlich in der Sauna nicht tragen wird.

Punkt 16 Uhr gehe ich in die Kräutersauna. Der Raum ist groß, es riecht intensiv und wohltuend nach Kräutern, in einer Ecke prasselt ein offenes Feuer. Außer mir ist noch eine weitere blonde Frau da, zwei ältere Männer, die ausscheiden dürften, und drei jüngere, von denen einer Ben sein könnte. Aber welcher?

Ich breite mein Saunatuch aus, setze mich drauf und sehe mir die Männer genauer an. Einer ist blond, scheidet also auch aus, denn Ben hat laut seiner Beschreibung dunkelbraune Haare und dunkelgrüne Augen.

Dunkle Haare haben die beiden anderen Männer. Beide sehen gut aus. Einer hat ein sehr markantes Gesicht. Er würde mir besser gefallen. Beide sind gut gebaut, kräftig, solariumgebräunt, durchtrainiert, beide sehen mich an und mustern meinen nackten Körper.

Ich lehne mich zurück und spüre die Wärme, die in jede Pore meines Körpers eindringt, warte darauf, dass mich einer der beiden anspricht. Was nicht geschieht. Vielleicht ist ja auch keiner der beiden Ben.

Nach zwanzig Minuten gehe ich raus. Tja, dann eben nicht. Dann nur Wellness. Ich schwimme ein paar Runden durch den Pool, lege mich dann entspannt in den orientalisch angehauchten Ruhebereich auf dicke rote Polsterkissen.

»Du bist Siena, oder?« Neben mir steht einer der beiden Männer aus der Sauna. Der mit dem markanteren Gesicht. Um die Hüften hat er ein weißes Saunatuch gewickelt.

»Und du Ben?« Er nickt, löst das Saunatuch. Er ist untenrum gut rasiert. Nicht ganz ohne Haare, mit einer Art Dreitagebart um seinen ziemlich großen Schwanz. Lässig legt er sich neben mich auf die Polsterkissen.

»Bist du oft hier?«, frage ich ihn.

»Wenn ich Zeit und Lust habe«, sagt er. Wir liegen nackt nebeneinander. Zwischen uns ist eine Armlänge Platz. Ich bin noch aufgeheizt von der Sauna und wenn ich den Körper von Ben betrachte, wird mir noch heißer. Ich stütze mich auf und drehe mich zu ihm. Er spürt meinen Blick, sein Schwanz wächst. Er holt sein Saunatuch und legt es so über seine Hüften, dass sein inzwischen schon ziemlich erigierter Schwanz bedeckt ist.

»Kommt nicht so gut, hier mit 'nem Steifen rumzuliegen.« Er streckt seine Hand aus, berührt meinen Arm.

»Verabredest du dich mit all deinen Internet-Dates in der Sauna?«, will ich wissen.

Ben grinst. Er sieht süß aus. »Logisch, das ist der Test.«

»Welcher Test?«

Ben stützt sich auch auf. Jetzt sehen wir uns in die Augen. Er hat schöne dunkelgrüne Augen mit langen schwarzen Wimpern. »Hier musst du Körper zeigen. In der Sauna check ich die Ladys erst mal ab und wenn der Body passt, sprech ich sie an, so wie dich jetzt. Wenn nicht, dann nicht. Die Ladys, die sich nicht hier mit mir treffen wollen, haben ein Problem mit ihrem Körper und scheiden eh aus. So was brauch ich nicht, das hab ich zu Hause.«

Während er spricht, lässt er seinen Blick über meinen Körper wandern. Es fühlt sich fast an wie eine Berührung. Macht mich ganz kribbelig.

»Was hast du denn zu Hause?«, will ich wissen.

Er legt sich zurück. »Als wir geheiratet haben, hatte meine Frau einen geilen Body und blonde Haare. Seit den Kindern fühlt sie sich zu dick. Macht ständig irgendwelche Diäten, wird aber nicht dünner, sondern immer fetter. Im Sommer am See trägt sie Badeanzüge und Tücher um ihren Bauch. Und ihre Haare färbt sie auch nicht mehr.«

Er richtet sich wieder auf. »Ich hab 'ne geile Blondine geheiratet, jetzt hab ich 'ne dicke Brünette zu Hause. Kannst du dir vorstellen, wie mich das anmacht? Gar nicht. Dicke Frauen törnen mich voll ab. Auf Brünett steh ich auch nicht.« Er streckt wieder die Hand aus und streichelt über meinen Arm.

Er ist ein richtiger Arsch. Die arme Ehefrau! Aber er sieht ziemlich gut aus und er hat eine unglaublich erotische Ausstrahlung. Ich kann eigentlich gar nicht genau sagen, warum.

Ich will ihn auch anfassen, rücke ein Stück näher. Das weiße Tuch auf seinem Schwanz bewegt sich. Er steht auf. »Ich mach noch einen Saunagang. Komm mit.«

Er reicht mir seine Hand, zieht mich hoch. Deutet an, dass ich vorangehen soll. Das mache ich und spüre seinen Blick auf meinem Hintern, was mich so heiß macht, dass ich eigentlich keinen Saunagang mehr brauche.

Wir sitzen nebeneinander in der Sauna und betrachten unsere Körper, die vor Schweiß glänzen. Ich kenne jetzt jeden Zentimeter seiner Haut, ohne ihn berührt zu haben, und bin so geil wie schon lange nicht mehr. Er auch, denn er zieht wieder das weiße Tuch über seine Hüfte. Ich will mit ihm ficken. Am liebsten hier. Sofort. In der Sauna.

Nach dem Saunagang gehen wir in den Pool. Ich schwimme voran, bleibe am Rand. Er kommt nach, lehnt sich neben mich. Unter Wasser spüre ich seinen Schwanz an meinen Beinen. Ich tauche meine Hand ins Wasser und umfasse ihn. Er stöhnt leicht auf. Ich auch. Mein ganzer Körper kribbelt. Er schwimmt um mich herum und zieht mich zu einer Sprudelanlage unter Wasser. Die Massagedüse zielt direkt von hinten zwischen meine Beine. Oh Mann! Jetzt kommt er näher, küsst mich ganz kurz auf den Mund, streichelt mich dabei mit einer Hand unter Wasser zwischen den Beinen. Der Typ macht mich so scharf, lange halte ich das nicht mehr aus. Dann dreht er sich um und steigt aus dem Pool, reicht mir die Hand und zieht mich mit festem Griff raus. Holt sein Handtuch und wickelt es eng um seine Hüften.

»Komm mit.«

Oh ja. Sehr gern!

Er geht nach draußen in den Bereich der Umkleidekabinen, verschwindet in einer Kabine, winkt mich rein, schließt ab, lässt sein Handtuch fallen. Sein Schwanz steht kerzengerade. Ich bin so heiß, dass mir fast schon schwindlig ist.

Er holt einen Gummi aus einer Ecke der Kabine, den er offenbar schon vorher dort deponiert hat, und rollt ihn über seinen Schwanz.

Ich steh einfach nur da und warte, bis er endlich damit fertig ist. Dann drückt er mich gegen die Kabinenwand, zieht mein rechtes Bein auf die Bank, hält mir den Mund zu und fickt mich. Es dauert nicht lange. Nach zwei Stößen hab ich einen Orgasmus wie schon lange nicht mehr. Er macht weiter, stößt weiter zu, ich komm noch mal, er jetzt auch. Bäumt sich auf, stöhnt.

»Nicht schlecht«, sage ich, als ich mich wieder einigermaßen gefangen habe.

»Ich weiß«, grinst er. Er wickelt sich wieder das Handtuch um die Hüften. Es war eine der besten Nummern seit Langem, die Art von Sex, die süchtig macht. Der Typ weiß, wie's geht. Und ich will mehr.

»Wollen wir noch was trinken gehen?«, schlage ich vor.

»Keine Zeit. Muss nach Hause, meine Frau wartet«, sagt er. Zwinkert mir zu. »Wenn du mal wieder Lust auf Sauna hast, ruf mich an.«

Ich habe seine Handynummer weggeworfen. Er hätte mir gefährlich werden können.

VIELLEICHT EIN ANDERES MAL

Uli, Nickname: ulifun

Profil: Ich lebe seit 15 Jahren mit einer deutlich jüngeren Partnerin zusammen und habe zwei Kinder im Alter von neun und zehn Jahren mit ihr. Das Familienleben funktioniert ziemlich gut, wir sind ein eingespieltes Team, doch leider hapert es mit unserer gemeinsamen Sexualität. Ich würde mich als sinnlich, zärtlich und rücksichtsvoll bezeichnen, bin völlig offen für neue Erfahrungen in der Sexualität und habe viel Lust daran. Meine Partnerin kann dieses Interesse und meine Sehnsucht nach einer erfüllten Erotik mit ihr nicht erwidern und absolviert mit mir gelegentlich ein sexuelles Pflichtprogramm, hat aber selbst seit Jahren immer wieder sexuelle Außenkontakte. Dies entspricht nicht meinen Vorstellungen von einer Lebenspartnerschaft und macht weder glücklich noch zufrieden. Ich war bislang absolut treu und wende mich erstmals über ein Portal an Frauen, denen es gleich oder ähnlich geht, und bin bereit für neue Wege.

Wir sitzen in einem kleinen Eiscafé. Drinnen, obwohl draußen die Sonne scheint. Uli wollte das so. Ohne Grund. Er hat sich einen mittelgroßen Eisbecher bestellt, Erdbeer, Schoko, Vanille, ich mir ein Glas Prosecco. Während er sein Eis löffelt, sehe ich ihn mir genauer an. Kurze, dunkle Haare, Brille, feingliedrige Hände, das dunkelblaue Hemd hochgeschlossen bis zum letzten Knopf. Schmächtige Schultern. Er ist nicht unattraktiv, könnte mehr aus sich machen, ist aber überhaupt nicht mein Typ. Er weckt bei mir eher Mitleid als Begierde.

»Wie hast du dir das denn so vorgestellt? An welche Art von neuen Erfahrungen hast du denn gedacht?«, frage ich ihn.

»Die Situation hat sich geändert«, sagt er und sieht mich mit traurigem Dackelblick an. Welche Situation? Meine? Seine? Inwiefern?

»Meine Partnerin hat mich verlassen«, presst er hervor. Die Hand mit dem Löffel zittert ein wenig, die Stimme auch. »Sie hat alles mitgenommen, den Hund, sogar den Fernseher. Einfach so, von heute auf morgen war sie weg.« Er schüttelt betrübt den Kopf über seinem Eisbecher. »Ich versteh das nicht.«

Puh! »Aber du warst doch auch nicht mehr wirklich zufrieden mit eurer Beziehung. Und glücklich warst du auch nicht. Sonst hättest du dich doch nicht in diesem Seitensprungportal angemeldet?«, erinnere ich ihn.

Er sieht mich wieder mit diesem verzweifelt-traurigen Dackelblick an. »Aber ich hätte meine Lydia doch niemals verlassen.«

»Ist sie denn jetzt mit einem ihrer sexuellen Außenkontakte zusammen?«

Er nickt, sieht mich an, seine Augen schimmern verdächtig. Na toll. Hoffentlich heult er nicht gleich los. Der Kellner blickt schon ganz komisch zu uns rüber.

»Meine Lydia ist so wunderschön. Wenn sie sich aufstylt, schauen ihr alle Männer nach. Ihre langen blonden Haare, ihre unvergleichlichen Rehaugen. Aber sie hatte so schrecklich viel Pech im Leben und in der Sexualität.«

Er holt tief Luft und ich habe den Verdacht, dass ich gleich noch viel mehr über diese Frau erfahren werde, als mir lieb ist. Und die sexuelle Anziehung, die Uli auf mich ausübt, ist in etwa die, die ein Meerschweinchen auf einen Goldfisch hat. Mist. Aber aufstehen und gehen wäre auch unfair.

»Sie hat in ihrer Kindheit schlechte sexuelle Erfahrungen gemacht und wird sich daher nie fallen lassen können. Sie ist traumatisiert, weißt du?«, analysiert er seine Frau und rührt dabei mit dem Löffel durch das Eis, das langsam vor sich hin schmilzt und zu einem kleinen bunten See wird.

Vielleicht lag's ja an ihm, mit ihrem sexuellen Außenkontakt klappt's ja offenbar, denke ich, sage es aber nicht. Wahrscheinlich brauchte die Frau einfach mal einen richtigen Mann.

»Ich war so geduldig mit ihr. Hab sie gestreichelt, stundenlang ...«

Vielleicht war das ja das Problem. Es gibt nichts Abtörnenderes als einen endlosen Streichel-Overkill. Irgendwann ist es gut mit Zärtlichkeit, dann muss es zur Sache gehen.

»Ich hab sie nie gedrängt. Wir hatten kaum Sex.« Er seufzt in seinen Eisbecher. »Aber wenn wir dann mal Geschlechtsverkehr hatten, dann war es wunderschön.«

Nach langer Enthaltsamkeit ist jede Art von Sex geil.

»Sex ist etwas Schmutziges für sie. In den 15 Jahren unserer gemeinsamen Zeit hat sie nicht ein einziges Mal meinen Penis in ihren Mund genommen.«

Möglicherweise lag es an seinem Penis. Er hat eine ziemlich kleine Nase. Meistens ist an dem Spruch »wie die Nase eines Mannes, so auch sein Johannes« was dran. Ich will nicht weiter darüber nachdenken.

»Ich habe alles für sie getan. Ihr jeden Wunsch erfüllt.« Seine Stimme wird immer leiser und dünner.

Toll. Wie komme ich aus der Nummer am schnellsten wieder raus? Ich trinke mein Glas leer.

»Es tut mir so leid für dich«, sagt er dann plötzlich. Wieder mit diesem tiefen Seufzer.

Wie? Es tut ihm leid für mich? Was hat das denn alles mit mir zu tun? Ich kenne die Frau nicht und ihn werde ich in der Minute vergessen haben, in der ich diese Eisdiele verlasse.

»Schon okay«, sage ich.

»Ich wollte dich wirklich nicht enttäuschen, Siena.« Er greift nach meiner Hand und nimmt sie liebevoll in seine. Seine Handflächen sind feucht und schwitzig. »Du bist heute hierher gekommen, weil du mit mir Zärtlichkeiten austauschen wolltest, weil du meine Nähe gesucht hast, weil du dir Erfüllung und schöne Stunden erhofft hast, aber ich kann dir noch nicht geben, was du willst.«

Um Himmels willen! Allein der Gedanke, diese feuchten Hände auf meinem Körper zu spüren, jagt mir blankes Entsetzen ein.

»Ich bin einfach noch zu blockiert, wenn du weißt, was ich meine.« Er deutet etwas verschämt nach unten, unter den Tisch, vermutlich auf seinen Schwanz. »Der kleine Uli ist voller Liebe, aber sehr schreckhaft, musst du wissen. Der Kopf ist immer im Weg. Du musst Geduld mit mir haben, das wird schon werden. Ich habe das Gefühl, dass wir noch wunderbaren Sex zusammen haben werden.«

Alles, nur das nicht! Das Gefühl kann ich ganz und gar nicht teilen. »Du, das mit dem Sex wird ohnehin völlig überbewertet. Du musst dir jetzt erst 'mal Zeit für dich nehmen.«

Er sieht mich dankbar an. »Denkst du?« Wieder fischt er nach meiner Hand. »Du bist so wunderbar verständnisvoll. Es tut so gut, mit dir offen über alles zu sprechen. Wir können uns ja in den nächsten Wochen mal treffen und reden. Und mit der Zeit wird sich bestimmt mehr daraus entwickeln.«

Oh nein. Unsere gemeinsame Entwicklung endet genau hier, lieber Uli! »Eines Tages wird die Richtige kommen, oder deine Lydia kommt zurück«, nicke ich und bin heilfroh, dass ich ihm nicht meine Handynummer gegeben habe.

»Meinst du?« Er sieht mich hoffnungsvoll an.

»Ja, aber vielleicht solltest du in einem anderen Portal suchen. Ein Singleportal oder eines für gebrochene Herzen oder so?«

Er schiebt seinen Eisbecher weit von sich. »Lydia ruft jeden Tag an. Das ist doch ein gutes Zeichen, oder? Das heißt doch, dass sie mit uns noch nicht ganz abgeschlossen hat.« Er legt seine schwitzige Hand behutsam auf meine. »Bestimmt bereut sie es schon längst, bestimmt kommt sie schon bald zu mir zurück. Ich muss einfach nur geduldig sein.«

Ja, aber *meine* Geduld ist jetzt am Ende. Ich stehe auf. »Du, es ist schon so spät, ich muss los.«

Er sieht mich wieder an mit diesem zerknirschten Dackelblick. »Aber ich wollte dir doch noch so viel erzählen.«

»Vielleicht ein anderes Mal.« Wenn er mich so ansieht, bringe ich es einfach nicht über das Herz, ihm zu sagen, dass wir uns nicht wiedersehen werden.

»Nächste Woche hab ich ein paar Tage Urlaub, da hab ich viel Zeit für dich. Zum Beispiel am Mittwoch oder am Donnerstag«, schlägt er treuherzig vor.

Er hilft mir in den Mantel, ich knöpfe ihn bis oben zu. »Ja, mal sehen, am besten, du rufst mich an, dann schauen wir mal.«

»Aber ich hab doch gar nicht deine Telefonnummer.« Eifrig reißt er ein Stück von der weißen Papierserviette ab und leiht sich vom Kellner einen Kugelschreiber. »Wie lautet sie?«

Oh nein! Ganz bestimmt nicht! »Du, das bringt eigentlich gar nichts, denn ich wechsle gerade den Anbieter und bekomme eine neue Nummer. Ich rufe dich dann an, wenn ich sie habe.«

Er zögert kurz, dann schreibt er seine Nummer auf die Serviette. »Hier.«

»Alles klar.«

Er gibt mir seine feuchte Hand zum Abschied. Ich lasse seine Nummer draußen in den nächsten Papierkorb fallen.

NÜRNBERGER BRATWURST

Tim, Nickname: bigboy

Profil: Ich bin erfolgreich im Beruf, gebunden und lebe idyllisch schön – daran möchte ich überhaupt nichts verändern. Leider erlebe ich in der Partnerschaft nicht mehr die gewisse Erotik, nicht mehr das ganz große Kribbeln. Ich bin eher ein Grenzgänger, ergebnisorientiert und liebe Herausforderungen. Von der Optik her bin ich schlank, sportlich, durchtrainiert, und als Mann gut zu erkennen, wenn du weißt, was ich meine ... Vorlieben: Joggen, Reisen, Kunst, Architektur. Ich bin locker und experimentierfreudig und fände es schön, wenn du Lust hättest, dich mit mir auf eine gemeinsame Abenteuerreise in Sachen Lust zu begeben. Dabei gefällt mir das Spiel, ich lege Wert auf die feinen Dinge. Ich glaube, sehr wählerisch zu sein und biete einiges dafür. Abneigungen: Indiskretion, Frauen ohne Format, Wahllosigkeit, Frauen, die zu sehr klammern, Frauen, die nicht halten, was sie versprechen ...

Wie viele Arten von Schwänzen gibt es eigentlich? Lang, kurz, dünn, dick, beschnitten, leicht rosig, gebogen, gerade ... Ich liege gerade neben einem, der mich beim ersten Anblick spontan an eine Nürnberger Bratwurst erinnert hat. An diese halblangen, dünnen Schweinswürstchen, die man mit Kraut oder in der Semmel isst. Auch die Farbe ist ein bisschen ähnlich. Jetzt, nach dem Sex, hängt er schlaff zur Seite, in steifem Zustand war er merkwürdig gebogen und ziemlich lang und dünn.

Das ist die Art von Schwanz, deren Träger Analsex bevorzugen, weil es hinten enger ist und ihr dünner, länglicher Schwanz in der feuchten Weite der Muschi ohne Halt herumpendelt. Die Art von Schwanz, bei der Analsex nicht mal schmerzhaft ist, weil man kaum spürt, dass man überhaupt etwas zwischen den Beinen hat. Diese Art von Sex hatte ich gerade mit Tim in seinem Schlafzimmer, in seinem Ehebett. Er liegt auf meinem Oberschenkel und döst nach einer Viertelstunde anstrengendem Analsex erschöpft und leise schnarchend vor sich hin.

Es riecht nach Schweiß und Sperma. Es ist später Vormittag, die Vorhänge sind zugezogen, die Fenster sind gekippt, draußen zwitschern die Vögel, seine Frau ist bei der Arbeit.

Hi Siena, das mit einem Treffen am Abend klappt leider nicht. Wie du weißt, bin ich verheiratet und muss deswegen abends schön brav zu Hause sein. Tagsüber könnte ich es mir einrichten, dich zu treffen. Wir könnten uns vielleicht auch mal an einem Vormittag treffen, um uns erst mal zu »beschnuppern«. Unter meiner Handynummer bin ich auch nur tagsüber und unter der Woche zu erreichen, da mein Handy im Büro liegt und meine Frau natürlich nichts davon weiß. Tja, gar nicht so einfach. Sag mir Bescheid, wenn du mal einen Vormittag für mich hast, schrieb er. Und dieser Vormittag ist jetzt.

Das Zimmer ist liebevoll eingerichtet. In einer Ecke steht ein Hometrainer, in einer anderen ein Schreibtisch mit Computer. Ob Tim hier seine Internet-Dates klarmacht?

Der Kleiderschrank hat verspiegelte Türen. Mit einem Auge hat sich Tim darin beobachtet, als er mich fickte. Hat ihn angemacht. Mich normalerweise auch, aber bei seiner Technik hilft nicht mal mehr ein Spiegel. Auf dem rechten Nachttisch steht ein Foto in einem blutroten, herzförmigen Bilderrahmen. Es zeigt Tim mit einer sehr hübschen, sehr sexy angezogenen dunkelhaarigen Frau mit feinen Gesichtszügen. Warum betrügt man so eine Frau?

»Ich bin eigentlich glücklich mit meiner Frau. Wir haben tollen Sex und ich liebe sie. Aber aus meiner Sicht spricht nichts dagegen, noch ein bisschen glücklicher zu werden. Ich suche ein wenig nette Abwechslung und versuche dabei keinem wehzutun«, beantwortete er meine Frage.

Mein Bein schläft ein, ich will es wegziehen, aber er ist zu schwer. Tim arbeitet als Software-Consultant, hat was von einem Beachboy. Halblange dunkelblonde Haare, braun gebrannt, dunkle blaue Augen. Er sieht gut aus. Bis auf diesen etwas mickrigen und unvorteilhaft geformten Bratwurstschwanz. Aber das war nicht abzusehen. In seiner Hose fühlte er sich deutlich kräftiger an.

Guter Sex fühlt sich auch deutlich anders an. Ich bin nicht einmal gekommen. War nicht einmal kurz davor. Im Gegenteil. Bin vorne langsam ausgetrocknet, während er hinten stieß und stieß und stieß. Ich habe nur noch gehofft, dass er bald kommt. Aber er wollte es so richtig auskosten.

Kurz bevor es so weit war, rief er »Pause«, zog seinen Schwanz raus, setzte sich und trank ein paar Schluck Prosecco, dann ging das Gerammle weiter.

Jetzt liegt er da, als habe man den Stecker rausgezogen.

»Mit wie vielen Frauen hast du dich denn schon getroffen?«, will ich von ihm wissen.

»Mit vielen. Aber immer nur einmal. Einmal ficken und wegschicken ist meine Devise. Und natürlich immer mit Kondom. Warum also nicht?«, findet er. »Mit meiner Frau ist's am besten. Aber wer mag schon jeden Tag Gourmet-Küche, ich mag manchmal auch McDonald's.«

Oder Bratwurst … Bei dem, was er draufhat, würde sich auch keine Frau zweimal mit ihm treffen wollen. Na ja, er küsst ganz gut. Deswegen bin ich auch geblieben. Aber jetzt will ich wieder weg.

Auf einmal ist aus dem Erdgeschoss ein Geräusch zu hören, als würde jemand die Haustür aufschließen. Verdammt. Ich habe überhaupt keine Lust darauf, dass hier plötzlich seine Frau reinplatzt. Ich rüttle an seiner Schulter, bis er endlich wach ist.

»Unten ist jemand gekommen«, raune ich ihm zu.

»Wie? Was?« Er sieht mich mit einem ziemlich dämlichen Gesichtsausdruck an.

»Deine Frau!«, erinnere ich ihn. »Ist unten.«

Jetzt begreift er. Schießt hoch. Schlüpft in seine Hose und sein Shirt, läuft barfuß aus dem Zimmer. Ist so durch den Wind, dass er eine Sekunde später zurückkommt und das Schlafzimmer von außen abschließt.

Super Plan, Tim. Du bist völlig aufgelöst, deine Haare stehen in alle Richtungen, du riechst zehn Kilometer gegen den Wind nach Sex und hast das Schlafzimmer abgesperrt. Du bist geliefert.

Ich springe aus dem Bett, suche meine Klamotten zusammen, die überall verstreut im Zimmer liegen, und ziehe mich an.

Wenn ich jetzt gleich einer fremden, vermutlich völlig hysterischen betrogenen Ehefrau gegenüberstehen werde, dann wenigstens angezogen. Und mit akkuratem Styling. Ich suche nach meiner Tasche. Mist. Die liegt unten in der Küche, wo wir einen Prosecco getrunken haben, bevor es zur Sache ging.

Ich blicke in den Schrankspiegel, wische die verlaufene Mascara unter meinen Augenlidern weg, richte meine Haare so weit es geht. In meiner Tasche unten ist alles drin: Handy, Kreditkarte, Ausweis, Haus- und Autoschlüssel. Irgendwie erinnere ich mich plötzlich an den Film mit Glenn Close und Michael Douglas, in dem die Geliebte völlig austickt und Amok läuft. *Eine verhängnisvolle Affäre*. Was, wenn jetzt diese Ehefrau ausrastet? In meinem Ausweis steht meine Adresse.

Ich will ihr ja gar nichts wegnehmen. Sie kann ihren Mann behalten, ich will nicht mal einen zweiten Fick mit ihm. Allerdings reagiert man bestimmt wenig rational, wenn man der Geliebten des Mannes im eigenen Schlafzimmer begegnet.

Ich horche an der Tür. Nichts. Was, wenn sie sich jetzt schon gegenseitig umgebracht haben? Ich schaue aus dem Fenster. Nee, keine Chance, liegt viel zu hoch zum Runterspringen. Ich würde mir alle Knochen brechen. Ich setze mich auf die Bettkante. Vielleicht könnte ich mich ganz klassisch im Schrank verstecken? Auch das kann ich vergessen. Ein Blick ins Zimmer und der Dümmste weiß, was gespielt wurde. Zerwühlte Laken, Spermaflecken auf dem Leintuch, Sex-Geruch in der Luft. Dieses Laken sollte er ohnehin nicht in die Wäsche geben, schießt es mir noch durch den Kopf.

Auf einmal höre ich, wie die Tür geöffnet wird. Sie haben sich nicht umgebracht. Das ist gut. Ich stehe auf. Streiche meinen Rock glatt. Bin gefasst. Werde auf jede Situation angemessen reagieren. Auch wenn sie tobt, ganz ruhig bleiben, an ihr vorbei nach unten flitzen, meine Tasche schnappen und mich aus dem Staub machen. Die Tür geht auf. Tim kommt rein. Völlig relaxt. Mit einem breiten Grinsen.

»Hey, Süße, du bist ja schon angezogen.«

Äh, ja.

Er streckt sich, kommt auf mich zu, schiebt meine Bluse zur Seite und beugt sich drüber und umkreist mit der Zunge meinen Nippel.

»Was ist mit deiner Frau?«, presse ich hervor. Er sieht mich erstaunt an.

»Was soll mit ihr sein?«

»Sie ist doch gerade gekommen.«

Er lässt von meinem Busen ab. »Sie ist bei der Arbeit, sie kommt erst in einer Stunde.«

»Und wer war das eben unten? Wer hat die Haustür aufgesperrt?«

»Ach, das war unsere Putzfrau. Die kommt zweimal in der Woche. Hatte ich ganz vergessen. Ich habe sie weggeschickt und ihr gesagt, dass ich sie heute nicht brauche. Wir sind wieder ungestört.« Er legt auch meine zweite Brust frei, fummelt daran herum. »Du bist so heiß, Süße.« Er dreht mich um, will mich aufs Bett drücken.

Oh nein. Vielen herzlichen Dank, mir reicht's. Ich hole nur noch meine Tasche und werde dann sofort verschwinden.

Tim kommt mir mit großen Schritten nach, packt mich am Arm. »Was hast du denn plötzlich? Jetzt warte doch!«

Worauf? Dass seine Frau doch noch kommt? Auf eine weitere Runde schlechten Sex? »Du, ich muss mich beeilen, ich habe gleich noch einen Termin.«

»Okay.« Tim nickt, zögert kurz, macht mir aber dann die Haustür auf. »Sehen wir uns wieder?«

Wozu? Manchmal ist einmal mehr als genug. Mit einem »ich melde mich bei dir, wenn ich Zeit habe« verlasse ich Tims Haus. Es ist kühl, ich fröstele, setze mich ins nächste Café, bestelle einen großen Caffè Latte und überlege für einen kurzen Moment, ins Kloster zu gehen.

DAS HOLEN WIR NACH

Sven, Nickname: magicsven01

Profil: Was ich dir bieten kann? Charme, Niveau und Spaß und dazu einen trainierten Körper. Das heißt, ich sehe durchaus vorzeigbar aus! Ich hoffe, dir gefallen große und sportliche Männer? Ich bin offen für viele Aktivitäten. Nicht nur für Sex! Wenn die Chemie stimmt, dann lassen wir es einfach laufen ... Ich mag es, zuerst ein gutes Gespräch zu führen und zu flirten. Das ist ein schönes und subtiles Vorspiel. Und sollte das Vorspiel nicht so wichtig sein wie der Sex selbst? Wäre schön, mehr von dir zu erfahren und dir vielleicht irgendwann gegenüberzusitzen, bei einem Glas guten Rotwein! Ich hoffe, ich habe deine Neugierde geweckt.

Ich stehe am Flughafen. Es ist mein fünftes Date mit Sven. Nicht, weil wir die anderen vier Male so viel Spaß und so geilen Sex gehabt hätten, sondern weil bisher immer etwas dazwischenkam. Bei ihm.

Sein Profilbild sieht vielversprechend aus. Ein muskulöser Arm stemmt eine kiloschwere Hantel nach oben, sein gut definierter Körper glänzt, in der knappen schwarzen Trainingshose hat er einen ziemlichen Knackarsch. Sein Gesicht sieht man auf dem Foto nicht. Dunkle Haare, blaue Augen, sportlicher Typ, trainierter Körper, IT-Berater, stand in seiner Beschreibung.

Zum ersten Date waren wir in einer Weinbar verabredet. Ziemlich spontan. Ich war gerade mit einer Freundin beim Bummel durch diverse Schuhläden, als seine SMS kam. Nun galt es zu entscheiden: neue Schuhe oder neuer Mann. Ich entschied mich für Letzteres, ließ meine Freundin allein im Schuhgeschäft inmitten einer Auswahl High Heels in Bonbonfarben stehen und hetzte zu dieser Weinbar, die fast am anderen Ende der Stadt liegt.

Noch bevor ich sie etwas außer Atem betreten konnte, erreichte mich eine zweite SMS von Sven. *Ich bin für spontane Treffen normalerweise immer zu haben, aber heute hat meine liebe Freundin aufgrund eines Staus ihre Sportstunden verpasst und war demzufolge schon um 17.30 Uhr zu Hause. Und wenn sie ihren Sport verpasst, dann ist sie nicht so gut drauf. Deshalb kann ich nicht weg.*

Na toll. Keine neuen Schuhe und auch kein neuer Mann. Aber gut, passiert. Wir vereinbarten per SMS gleich ein zweites Date.

Ich eilte zurück zum Schuhgeschäft, doch dort wurde gerade geschlossen. Und meine Freundin hatte sich inzwischen anderweitig verabredet.

Danke, Sven! Aber gut, jeder verdient eine zweite Chance. Schließlich liegt es in der Natur der Sache, dass die Frau oder Freundin dazwischenfunken kann, wenn man sich mit einem gebundenen Mann verabredet.

Einen Tag vor dem nächsten vereinbarten Treffen kam eine Mail von Sven. *Diesmal könnte es klappen mit dem Treffen, aber ich bin sehr erkältet, das heißt, ich habe kaum Stimme. Und ich kann nicht lange bleiben, weil ich nicht entsprechend gekleidet bin. Wenn dir das alles nichts ausmacht, können wir uns gerne treffen.*

Ich fragte mich, was genau »nicht entsprechend gekleidet« bedeuten sollte. Trägt er gewöhnlich Jeans und würde zum Date lieber im Anzug erscheinen, oder umgekehrt? Hm. Ich wollte ihn einfach nur mal sehen, wir müssten ja nicht viel sprechen.

Das macht mir nichts aus. Wann und wo? Schweigen.

Am nächsten Morgen kam eine Antwort per Mail. *Es war sauglatt gestern Abend, aber meine liebe Freundin wollte unbe-*

dingt tanzen gehen. Beim Aussteigen aus dem Auto hätte es mich mit meinen rutschigen Tanzsohlen beinahe komplett zerlegt. Mein Knie schmerzt ziemlich, wir müssen es leider noch mal verschieben.

Klar, wenn man unglücklich stürzt, ist das eine ziemlich üble Sache. Kann aber im Winter durchaus mal passieren.

Gute Besserung. Meld dich, wenn du wieder fit bist, schrieb ich zurück.

Nächste Woche Montag sieht gut aus. Da hab ich Urlaub, da klappt es bestimmt, erhielt ich als Antwort. Also gut. Meinetwegen. Der Montag kam. Und eine Mail von ihm.

Ich bin leider immer noch leicht erkältet. Na ja, und was kommen musste, ist gekommen. Meine Oma hat sich nun den zweiten Oberschenkelhals gebrochen und gestern ein künstliches Teilstück eingesetzt bekommen. Die andere Seite war genau vor einem Jahr. Na ja, und irgendjemand muss sich nun um Oma kümmern und da ich gerade Urlaub habe … Grrrr. Hab mir da eigentlich was Besseres vorgestellt. Weiß deshalb noch nicht genau, wie flexibel ich nun wirklich bin. Ich fahre heute mal ins Krankenhaus und spreche mit dem Arzt. Ist ja nicht so, dass sie gerade um die Ecke im Krankenhaus liegen würde. Aber vor Weihnachten sollten wir trotzdem anpeilen. Ganz liebe Grüße, Sven.

Erkältung, Krankheitsfall. Klar, kann auch immer mal passieren. Vor Weihnachten welches Jahres?

Kein Problem, meld dich einfach wieder, wenn du Zeit hast, schrieb ich geduldig zurück und hakte ihn eigentlich schon ab, obwohl es schon so ist, dass man nach dem Mailkontakt normalerweise auch wissen möchte, mit wem man sich ausgetauscht hat. Eine Woche später meldete sich Sven wieder: *Ich fahre seit sieben Jahren Snowboard. Sofern genügend Schnee liegt, werde ich in der 52. Kalenderwoche zum Skifahren oder Snowboarden gehen. Vielleicht hast du ja Lust mitzukommen. Vorausgesetzt wir können uns riechen ...*

Skiurlaub mit einem Unbekannten. Warum nicht? Aber nicht, ohne ihn vorher gesehen zu haben! Ich sagte also vorsichtig zu, mit der Anmerkung, dass es vielleicht doch ganz cool wäre, wenn wir uns wenigstens einmal kurz gesehen hätten, bevor wir einen gemeinsamen Skiurlaub planen. Sah er auch so. Der Oma schien es wieder gut zu gehen, seine Erkältung war weg und wir vereinbarten ein weiteres Date.

Am Vormittag unserer Verabredung kam eine Mail. *So, meine Freundin ist mal wieder unpässlich. Wenn sie kränkelt, ist es die Hölle, sie hat tierisch schlechte Laune und weg komme ich dann gar nicht. Zumindest nicht lange. Könnte sagen, ich besorg was aus der Apotheke und wir könnten uns kurz sehen. Wär aber nicht länger als zehn oder fünfzehn Minuten.*

Ob das seine Vorstellung von einem »schönen und subtilen Vorspiel« ist? So langsam hatte ich keine Lust mehr, obwohl ich immer noch neugierig war, wer sich hinter diesem Bild und diesem Profil verbirgt. Und wer mir gleich einen gemeinsamen Skiurlaub vorschlägt, obwohl er mich noch nie gesehen hat.

Nee, lieber nicht, du bleibst besser zu Hause und pflegst deine Freundin, schrieb ich zurück. *Wir können uns ja ein anderes Mal treffen. Oder wir lassen es lieber ganz.*

Sven schien vor dem Computer zu sitzen, denn er antwortete sofort. *»Nein! Wir müssen uns unbedingt sehen! Wir wollten doch zusammen zum Skifahren, gib mir noch eine letzte Chance. Nächste Woche muss ich beruflich wegfliegen, wie wäre es, wenn wir uns am Flughafen treffen. Das klappt ganz bestimmt, versprochen,* kam zurück. Tja. Na gut. Meine Neugier siegte. Eine letzte Chance. Und nun stehe ich am Flughafen und warte auf Sven, mit dem ich möglicherweise bald in den Skiurlaub fahren werde. Ich mustere die Passanten. Vor dem Souvenirshop steht ein sehr gutaussehender, dunkelhaariger Mann und blickt sich suchend um. Ist das vielleicht Sven? Wenn er das wäre, könnten wir durchaus über einen gemeinsamen Skiurlaub nachdenken.

Mein Handy meldet sich. Eine SMS von Sven. Hm, was jetzt? Goldfisch ertrunken?

Bin quasi auf dem Weg zu dir, aber es dauert ein bisschen, denn meine liebe Freundin wollte mich jetzt doch zum Flughafen bringen. Sobald ich sie abgeschüttelt habe, komme ich zu unserem Treffpunkt. Bitte warte auf mich.

Hört sich vielversprechend an. Ich bleibe also am vereinbarten Treffpunkt an der Flughafenbar stehen und warte.

»Hallo Siena«, meldet sich zwei Cola light und eine gefühlte Ewigkeit später eine Stimme hinter mir. Ich drehe mich um. »Bist du Sven?«

»Ja.«

Sven ist baumlang, geschätzte 2,10 Meter, ziemlich schmal, so dünn, dass seine Wangenknochen bedrohlich hervorstechen, trägt eine Brille und hat einen feinen Hauch von einem Oberlippenbart. Eher Flaum. Er hat dunkelblaue Jeans an, die um seinen nicht vorhandenen Arsch schlabbern.

»Super, dass es jetzt endlich mit uns geklappt hat nach den vielen Anläufen«, findet er und fingert dabei etwas nervös am Träger seiner dunkelblauen Laptoptasche herum. Dabei rutscht seine Anzugjacke ein Stückchen nach oben und entblößt seinen Arm. Schmal, untrainiert, haarlos.

»Ja, super.« Ich mustere ihn erneut und kann keinerlei Gemeinsamkeiten mit dem Profilbild feststellen. Die Ähnlichkeit zwischen ihm und dem Mann auf dem Foto ist in etwa so groß wie die zwischen einem Ameisenbär und einem Zebra. Eine Verwechslung?

»Das Bild in deinem Profil sah irgendwie sehr anders aus?«, sage ich vorsichtig.

»Ach, weißt du, momentan komme ich leider nicht so oft zum Trainieren. Das stammt aus einer anderen Zeit«, erklärt er, während er seine Brille wieder zurück auf die Nase schiebt. »Ich muss wieder mit dem Trainieren anfangen, hab ich mir schon ganz fest vorgenommen. Angemeldet im Studio bin ich schon.«

Nee, Sven, aus unserem gemeinsamen Skiurlaub wird nichts werden und mehr Körperkontakt als ein freundlicher Händedruck zum Abschied ist auch nicht drin, so viel steht für mich jetzt schon fest.

Eigentlich könnten sich hier also unsere Wege trennen. Sieht Sven nicht so. Er bestellt sich eine große Johannisbeerschorle. »Meine Freundin wollte noch warten, bis ich abfliege, aber ich konnte sie loswerden«, erzählt er stolz. »War gar nicht so einfach. Sie ist nämlich sehr anhänglich.«

Ich bestelle also eine dritte Cola light. »Bist du schon lange mit ihr zusammen?«

»Über drei Jahre, nächstes Jahr wollen wir heiraten«, erzählt er zwischen zwei großen Schlucken Johannisbeerschorle.

»Und wie lange suchst du schon im Internet nach Sex-Dates?«

Sex-Dates. Wie sich das bei ihm anhört.

So unsexy, wie dieser Sven wirkt, hätte ich geschworen, er sei treu, hätte ich ihn auf der Straße getroffen. Man sieht es wirklich keinem Mann an …

»Ein halbes Jahr«, erklärt er.

»Hattest du schon viele Verabredungen?«

»Na ja, geht so, ist nicht so ganz einfach für mich, Termine zu vereinbaren«, erklärt er.

Stimmt. Habe ich auch schon gemerkt.

Auf einmal wird Sven kreidebleich und etwas hektisch. Er greift hastig nach seiner Johannisbeerschorle und dreht sich damit zur Seite, demonstrativ weit weg von mir. So, als wären wir zwei Fluggäste und würden zufällig am gleichen Tisch stehen.

Ich folge seinem Blick und begreife warum. Eine junge Frau, burschikoser Typ mit kurzen dunkelblonden Haaren, kommt mit großen Schritten ziemlich energisch auf ihn zu.

Sven wird immer blasser. Ich fühle mich auch nicht gerade wohl in meiner Haut. Hoffentlich macht sie jetzt keine Szene mitten auf dem Flughafen. Es gibt ja auch gar keinen Grund. Es ist nichts passiert und es wird auch nichts passieren. Hundertpro.

»Spatz, wie gut, dass ich dich noch erwische!«, ruft sie ihm zu und wedelt mit einer dunkelblauen Aktenmappe. »Die hast du im Auto vergessen. Die brauchst du doch bestimmt für die Arbeit.«

Spatz stellt mit zitternden Händen die Johannisbeerschorle auf den Tisch und legt einen Fünf-Euro-Schein dazu.

Die Frau hakt sich freudig bei ihm unter und schmiegt ihren Kopf liebevoll an seine Schulter. »Jetzt kann ich doch noch warten, bis du abfliegst, und dir zuwinken.«

Ohne sich noch einmal nach mir umzudrehen, verschwindet Spatz mit der jungen Frau. Keine zehn Minuten später piepst mein Handy. *Sorry, dass meine Freundin dazwischengekommen ist. Wir holen das nach. Ich melde mich, wenn ich wieder zurück bin, versprochen.*

Das tat er auch. Die folgenden zwei Wochen schickte er mir täglich SMS mit neuen Terminvorschlägen. Ich habe auf keine SMS mehr geantwortet.

POLITISCH INKORREKT

Johannes, Nickname: Jo_335

Profil: Ich wünsche mir eine hübsche, sinnliche Frau, die weiß, was sie will, und sich gern verwöhnen lässt. Eine Frau, mit der man dem grauen Alltag entfliehen und einfach schöne Stunden zu zweit genießen kann. Bin charmant, liebevoll, verspielt, zeitlich flexibel und unkompliziert. Liebe Abenteurerin, hoffentlich ist es mir gelungen, meine Vorstellungen einigermaßen authentisch rüberzubringen. Ich verfolge selbstredend auch sexuelle Interessen, bin aber ausführlichen Gesprächen oder Treffen vorher keinesfalls abgeneigt, ganz im Gegenteil. Eine Affäre liegt mir mehr, da ich zwar das »Neue« erleben möchte, aber eine gewisse Vertrautheit schon ihre Vorteile hat. Ich habe gewisse Erfahrungen, bin aber trotzdem immer gespannt und aufgeregt. Melde dich!

Er heißt Johannes und ich habe kein Bild von ihm gesehen. Es gibt im Internet drei Arten von Männern: Die, die sich ganz zeigen – am liebsten bei sportlichen Aktivitäten. Dabei sind »ich und mein Mountanbike« oder »ich und mein Motorrad« immer wieder beliebte Motive. Dann die Männer, die nur ausgesuchte Körperteile wie Sixpack-Bauch, angespannten Bizeps oder neckisch verdeckte Lendenansicht zeigen, und die, die gar kein Bild in ihr Profil stellen. Wie Johannes.

Eigentlich klicke ich Vorschläge ohne Bild immer gleich weg. Das von Johannes nicht. Sein Profil klang zwar ziemlich durchschnittlich bis langweilig, die folgenden Mails waren dafür umso geheimnisvoller. Er habe einen Beruf, mit dem er in der Öffentlichkeit stehe, daher könne er nicht mehr von sich verraten, er wolle auch keine Bilder von sich verschicken und könne mir auch seine Handynummer nicht geben. Alles Weitere könnten wir mündlich sehr gerne bei einem Treffen besprechen. Mehr war nicht aus ihm herauszubekommen.

Wir haben uns am späten Nachmittag in einem Café verabredet.

»Ist dieser Platz noch frei?« Vor mir steht ein Mann mittleren Alters mit dunkelbraunen Haaren und grauem Haaransatz in einem dunkelblauen Maßanzug. Weißes Hemd. Kantiges Gesicht. Sehr distinguiert. Sehr elegant. In der rechten Hand hält er die FAZ. An seinem rechten kleinen Finger steckt ein Siegelring. Sieht nicht schlecht aus, ist aber gar nicht mein Typ.

»Sind Sie Johannes?« Er nickt, setzt sich und mustert mich wohlwollend. Er bestellt eine Melange, dann beginnen wir zu plaudern. Über das Wetter, über die Verkehrssituation, über die Baumaßnahmen in der Stadt, die Staus verursachen. Er philosophiert über die Weltwirtschaftskrise und den steigenden CO_2-Ausstoß, langweilt mich allmählich ein bisschen. Wenn ich mich informieren will, lese ich die Zeitung.

»Was machst du eigentlich beruflich?«, will ich dann wissen. Verschwörerisch beugt er sich über den Tisch ganz nah zu mir, schiebt eine Haarsträhne zur Seite und flüstert in mein Ohr: »Ich bin Abgeordneter. Deswegen ... psst ... ich lege größten Wert auf Diskretion.« Er legt den Finger auf seine Lippen.

»Wie spannend«, finde ich und stelle mir vor, wie amüsant es wäre, auf diesem Weg mal einen bekannten Politiker zu treffen.

»Ich führe ein ziemlich einsames Leben«, seufzt er. »Meine Frau und meine Kinder leben etwas entfernt auf dem Land, ich wohne während der Woche hier in der Stadt und fahre nur am Wochenende nach Hause. Es bleibt viel zu wenig Zeit für die

Familie.« Er streichelt wie zufällig über meinen Arm. »Und dabei habe ich doch so große Sehnsucht nach Zärtlichkeit.«

»Bin ich dein erstes Date?«, will ich wissen.

Er schüttelt den Kopf. »Ich habe gerade eine wunderbare Beziehung zu einer Frau beendet, die ich auf diesem etwas ungewöhnlichen Wege kennengelernt hatte«, sagt er.

»Was ist denn passiert?«

»Ihr Ehemann kam dahinter und wir haben uns leider trennen müssen.«

Eine komische Situation. Ich weiß nicht, was er will, ich weiß nicht, was ich will. Er ist attraktiv, seine Berührung ist nicht unangenehm, er hat sicher viel zu erzählen, ich will mehr wissen. Eigentlich interessiert mich mehr sein Job als sein Körper.

»Darf ich dich zum Essen einladen?«, fragt er dann. »Ich kenne ein sehr gutes französisches Lokal. Nirgendwo sind die Austern besser und frischer.«

Ich hasse Austern. Die Dinger sind schlabbrig, wässrig und schmecken nach nichts. Aber gut. Bestimmt hat dieses Lokal auch noch andere Gerichte auf der Karte. Außerdem knurrt mein Magen schon seit einer ganzen Weile. »Einverstanden.«

Johannes zahlt, wir gehen. Draußen wühlt er auf einmal hektisch in einer seiner Anzugtaschen herum. »Wie dumm von mir«, meint er dann. »Ich habe mein Handy vergessen und erwarte einen sehr wichtigen Anruf.«

»Würde es dir was ausmachen, wenn wir kurz bei mir vorbeifahren, um es zu holen?«

Na gut. Er ist Politiker, vielleicht ruft ja Merkel bei ihm an, Medwedew oder Obama. Wir fahren in seinem Oberklassewagen, in dem es ziemlich stark nach Rauch riecht, zu seiner Wohnung. Wie wohnt wohl ein Abgeordneter? Glamourös, luxuriös, spannend, vermute ich. Er sperrt die Tür auf. Die Wohnung ist winzig. Ein Zimmer. Alles in einem Raum: Bett, Küche,

Schreibtisch. Die Rollläden sind halb heruntergezogen. Auf Bett und Schreibtisch türmen sich Papierstapel und Aktenordner. Es riecht nach Kaffee und kaltem Rauch.

»Setz dich doch, Siena.«

Wohin? Er schiebt einen Papierstapel auf dem Bett zur Seite, dann beugt er sich über mich und küsst mich. Er küsst schlecht, feucht, hastig, mit viel zu viel Zunge. Es macht ihn geil, seine Hose beult sich ziemlich. Mich törnt das alles nur noch ab. Diese Wohnung, dieser Mann, die ganze Situation.

»Du wolltest doch dein Handy suchen«, sage ich zwischen zwei Küssen. Er richtet sich auf, dreht sich von mir weg. »Magst du einen Tee?«

Warum sollte ich jetzt einen Tee wollen? »Nein, danke.«

Er dreht sich wieder zu mir. Öffnet seine Hose, die zu Boden fällt. Zieht seinen weißen Feinrippslip ein Stück runter und holt seinen Schwanz raus. Ich sitze, er steht, wedelt mit seinem Schwanz jetzt direkt vor meinen Lippen. Ich mag nicht, habe keine Lust, ihm einen zu blasen. Ich bin völlig abgetörnt.

Er sieht mich erwartungsvoll an, beugt sich runter, küsst mich wieder, fährt mit seiner Hand meinen Rücken entlang, sein Schwanz steht vor meinen Augen. Er nimmt ihn in die Hand und führt ihn zu meinen Lippen.

Ich bekomme Gänsehaut, aber nicht vor Lust. Ich stemme meine Hände mit aller Kraft gegen seine Oberschenkel. »Ich hab grade meine Tage«, sage ich dabei.

Er lässt sich nicht irritieren. »Nimm ihn in den Mund«, stöhnt er heiser.

»Wenn ich meine Tage habe, will ich von Sex nichts wissen.« Er nähert seinen Schwanz wieder meinen Lippen. Ich nehme ihn in eine Hand. Er stöhnt schon voller Vorfreude lustvoll auf. Mit meiner anderen Hand ziehe ich seine Feinripp nach oben, stopfe dann den Schwanz hinein und stehe auf. Völlig verblüfft sieht er mich an. Dann zieht er seine Hose hoch. Wir verlassen die Wohnung, sprechen kein Wort mehr. Im Auto blickt er starr geradeaus. Er hält vor dem Café, in dem wir uns getroffen haben.

Ich steige aus. Das mit dem französischen Essen kann ich wohl vergessen. Wenn es überhaupt jemals geplant war. Stattdessen gehe ich zum nächsten Fast-Food-Lokal und hole mir einen Burger.

FALSCHE VERSPRECHUNGEN

Chris, Nickname: tenderlove

Profil: Ich bin, was meinen Charakter angeht, das, was man als »richtigen Mann« bezeichnet. Ich habe das Bedürfnis, mich liebevoll um meine Partnerin zu kümmern, auf sie einzugehen, sie zu verwöhnen, mit ihr auf Reisen zu gehen und die Freizeit zu gestalten, gute Gespräche zu führen, die Romantik auszuleben, ihr ein Lächeln abzugewinnen, mit ihr zu kuscheln, sie zu streicheln, zu küssen, ihren süßen Duft einzuatmen, fordernden, schönen Sex zu haben und am nächsten Morgen neben ihr aufzuwachen, ohne reuig zu sein, kurz, die Freuden und Leiden des Lebens mit ihr zu teilen. Mühe habe ich mit Angeber- und Blenderinnen, Unaufrichtigkeit, stundenlangen Sonnenbädern sowie Fußballabenden. Mein Interesse gilt dem Zwischenmenschlichen, ich schaue gern Filme zu Hause, gehe gerne shoppen, ziehe die Besinnlichkeit des Kerzenlichts dem elektrischen Licht vor, mag körperliche und emotionale Wärme, schätze Hausmannskost als regelmäßiger Gaststättenbesucher sehr, mag einen guten Rotwein, vielleicht mit Erdbeeren, bin ein Bewunderer der südländischen Mentalität und noch so vieles mehr.

Wir haben inzwischen so etwas wie eine Mailbeziehung. Zweimal am Tag schickt mir Chris die schönsten, süßesten, liebevollsten, romantischsten Mails, die man sich vorstellen kann. Es ist erstaunlich, wie rasch man sich daran gewöhnen kann, Nachrichten von einem Mann zu bekommen, den man noch nicht einmal gesehen hat. Wie ungeduldig man auf seine Mail wartet, wenn sie mal nicht zum üblichen Zeitpunkt eintrifft. Ich habe Chris noch nie gesehen, es gibt kein Bild von ihm, aber er schreibt so wundervoll, dass ich schon sehr gespannt darauf bin, ihn zu treffen. Es begann mit dieser Mail: *Schöne Unbekannte, ich habe mich in dein Profil verliebt. Ich hätte nie gedacht, dass so etwas möglich sein könnte, aber ich habe das Gefühl, wir sind füreinander geschaffen. Chris.*

Daraufhin habe ich mir sein Profil näher angesehen. Kein Foto, aber die Daten passten. Groß, dunkle Haare, athletisch gebaut, sportlich, braune Augen. Ich habe mit meinem Standardsatz geantwortet: *Hi Chris, klingt nett, was du schreibst. Wollen wir uns nicht mal treffen?*

Gern, aber im Moment habe ich wenig Zeit, weil ich mich intensiv auf einen Boxkampf vorbereiten muss.

Wow. Ich stehe auf harte Männer. *Wann hast du denn deinen Kampf?*

Übernächste Woche.

Dann treffen wir uns eben danach, schreibe ich.

Zwei Wochen später meldet er sich wieder. *Liebste Siena, ich bin von Montag bis Donnerstag in Spanien – nein nicht am Strand, ich habe eine Fortbildung in Barcelona und komme am Donnerstag zurück. Hast du vielleicht Donnerstagabend Zeit? Oder wir treffen uns am kommenden Freitag morgens (Frühstück, Brunch, Mittag …). Bis einschließlich Samstag muss ich leider arbeiten und Sonntag flieg ich weg. Was meinst du – können wir da ein Treffen zustande bringen?*

Fortbildung in Barcelona. Cool. Ich mag beruflich erfolgreiche Männer. *Ja, klar, gern, ich richte mich so ein, dass es Donnerstag klappt.* Am Mittwoch kommt diese Mail von Chris: *Meine Fortbildung wurde verlängert. Wenn ich den Strand entlangschlendere, wünsche ich, du könntest bei mir sein. Wir würden eng umschlungen den Sonnenuntergang betrachten und dann im* warmen Sand Liebe machen. Ich würde dich mit meiner Zunge verwöhnen, bis du lustvoll aufstöhnst. Nach dem Liebesspiel würden wir nackt im Mondschein baden und uns ewige Liebe schwören. Ich freue mich auf dein Lächeln, bestimmt hast du ein wunderschönes Lächeln, und unser erotisches Treffen.

Ewige Liebe? Na ja. Ich weiß nicht. Wir befinden uns auf einem Sex-Portal, mit Liebe hat das wenig zu tun! Aber gut, wer weiß ...

Hallo Chris, dann treffen wir uns eben, wenn du wieder zurückkommst. Wann? Zwei Tage lang keine Antwort.

Dann: Liebe Siena, ich schreibe dir nun aus Madrid. Aus beruflichen Gründen musste ich leider gleich weiter. Weißt du, wie ich mir unser erstes Treffen vorstelle? Wir begegnen uns und spüren sofort, wie sehnsuchtsvolles Kribbeln durch unsere Körper fließt. Wir sitzen an einem mit Kristallgläsern und Kerzenleuchtern gedeckten Tisch, trinken Champagner und essen fein gegrillte Garnelenschwänze. Zwischendurch sehen wir uns tief in die Augen, so tief, als würden wir schon ineinander verschmelzen, ohne uns überhaupt berührt zu haben. Nach dem Essen beginnen wir die Reise über unsere Körper. Bestimmt hast du eine wunderschöne Figur. Ich spüre deine zarten Finger auf meiner Haut. Mit jeder Faser spüren wir so viel Lust und Liebe, dass uns ganz schwindlig ist.

Puh, ich will diesen Typen kennenlernen. Unbedingt. Wann kommst du denn aus Madrid zurück? Wir könnten uns doch für ein erstes Date am Flughafen treffen?

Das ist leider etwas ungünstig, da ich mit Kollegen unterwegs bin und die in meinem Auto mitnehmen muss, kam zurück.

Hm. Schwere Geburt. Wann können wir uns denn dann treffen?

Wir müssen uns noch etwas gedulden, liebste Siena. Ich habe in zwei Wochen einen Kampf gegen einen schwierigen Gegner und bin trainingsmäßig im Rückstand. Die Fitness-Studios in den Hotels entsprachen in keinster Weise meinen Anforderungen.

Sag mir, wo dein Kampf stattfindet. Ich könnte kommen und dich anfeuern, schreibe ich zurück.

Besser nicht. Ein Blick in deine wunderschönen blauen Augen und der Gegner würde mich ausknocken, erhalte ich als Antwort.

Langsam wird's anstrengend. So lange habe ich noch mit niemandem vor einem Treffen gemailt. Schon gar nicht mit jemandem, von dem ich nicht mal weiß, wie er aussieht. Aber er schreibt so süß!

Heute um Mitternacht kam dann diese Mail von ihm an: *Was ich mir wünsche, wäre: dich sehen, innerlich nervös werden, feuchte Hände bekommen ... Herzrasen ... alles wird leicht um mich herum ... ich würde dich so gern in den Arm nehmen ... du lässt mich nicht schlafen ... ich wache auf und denke an dich, mitten in der Nacht ... ich sehe ständig auf die Uhr ... wann treffe ich dich endlich ... – o Gott – was würd ich dafür tun ...«*

Oh Mann! Von mir aus können wir uns sehen, meinetwegen auch sofort. *Ich hab morgen Zeit. Wie wär's, wenn wir uns treffen. Kurz. Nur fünf Minuten. Einfach, um uns mal zu sehen.*

Ich würde es so gerne, Liebste. Aber ich fliege morgen geschäftlich nach Turin. Dieser Termin steht schon lange fest und lässt sich nicht verschieben.

Okay, langsam reicht's. Entweder, oder! Ich will diesen einfühlsamen, geschäftlich erfolgreichen, weit reisenden, gut gebauten Boxer kennenlernen, der so schöne Mails schreibt.

Lieber Chris, ich bin so neugierig auf dich. Schreib mir, wann und wo wir uns treffen können, antworte ich. *Wenn du mir keinen Treffpunkt nennst, werde ich dir nicht mehr antworten.*

So. Ich suche ja schließlich keinen Brieffreund. Je länger vor einem Treffen Mails hin und her geschickt werden, umso spannender wird es. Und auf diesen Chris war ich wirklich gespannt. Zwei Tage lang kommt nichts. Keine Nachricht. Schweigen. Am dritten Tag finde ich endlich eine Mail von Chris im Postfach.

Liebste Siena. Ich verabschiede mich von dir. Was ich dir geschrieben habe, stimmt alles nicht. Ich bin kein Supermann, ich war noch nie in Spanien. Ich bin klein, dick, hässlich, habe eine Brille, Pickel und hatte noch nie in meinem Leben eine Freundin. Außerdem bin ich Hartz-IV-Empfänger und arbeitssuchend und bekomme höchstens ab und an selber eine geboxt. Du würdest dich abwenden, wenn du mich sehen würdest. Und das würde mir unendlich wehtun. Daher ist es besser, wir treffen uns nicht. Leb wohl, Chris.

Seitdem habe ich nie wieder etwas von Chris gehört.

KRIBBELN IM BAUCH

Richard, Nickname: Ricky0708

Profil: In deiner Beziehung ist es dir zu ruhig, du suchst Abwechslung, magst etwas Neues ausprobieren oder einfach deine Fantasien ausleben? Dann bist du bei mir richtig. Wer nicht wagt, der nicht gewinnt. Was ich suche? Abwechslung und mehr Spaß am Leben. Was mich hierher treibt? Die Neugierde und die Lust auf etwas Neues. Geben und dann nehmen, lautet mein Motto, verwöhnen und verwöhnen lassen, bin für fast alles zu haben. Was ich nicht will? Bestehendes gefährden. Wenn du mehr wissen willst, dann trau dich und schreib mir. Antwort ist garantiert, dasselbe erwarte ich ja auch von dir. In freudiger Erwartung.

Wir haben uns im »Achters« verabredet. Ich komme eine Viertelstunde zu spät, weil es weit und breit keinen Parkplatz gegeben hat. Ich bin leicht erkältet, hätte einen Abend vor dem Fernseher einem Date vorgezogen, doch Richard hat es nach einer Woche endlich geschafft, sich einen Abend freizuschaufeln, also habe ich zugestimmt. Ich haste hinein, schaue mich um, nirgendwo sitzt ein gutaussehender Mann allein an einem Tisch. Ist er etwa schon weg?

Ich gehe raus. An einem Tisch im Freien stehen ein paar Raucher, etwas weiter vorne an der Straßenecke ein junger Mann. Ich kenne Richard zwar von seinem Foto auf einem Motorboot, aber im dicken Wintermantel mit hochgezogenem Kragen ist es schwer, Ähnlichkeiten festzustellen.

»Bist du Richard?«

Er ist es, wir gehen in das Lokal, setzen uns an einen Tisch einander gegenüber. Er sieht mich an mit den dunkelsten Augen, die ich je gesehen habe. Blickt mir in die Augen. Ganz tief, sekundenlang, ohne zu blinzeln.

Wir bestellen Wein, ich sehe mir den Rest an. Schwarzes Hemd über schwarzem Shirt. Er ist süß. Sehr süß. Und dann diese dunkelbraunen Augen. Er ist verheiratet, hat zwei Kinder.

»Meine Frau ist entzückend, aber sie will Sex nur im Dunkeln«, erzählt er mir gleich. »Und das reicht mir nicht. Ich kann darüber auch gar nicht mit ihr reden. Sie blockt bei diesem Thema völlig ab.«

Wie lange er schon im Internet auf der Suche nach Sex ist, will ich wissen. Angefangen habe alles mit seiner Haushälterin. »Sie schrieb mir auf einen Zettel, dass sie sich in mich verliebt habe.« Zwei Jahre ging die Affäre, dann habe er es beendet, weil die Haushälterin mehr wollte, antwortet er.

Dann kam das Internet. Drei Frauen hat er bisher getroffen. »Zwei waren toll, die dritte ging gar nicht. Wir haben uns zum Frühstück getroffen und das war's dann auch. Diese Dame war bestimmt 15 Kilo schwerer als auf ihrem Profilbild und sah auch sonst völlig anders aus.«

Er nimmt meine Hand und streichelt sie. Es fühlt sich gut an. »Du gefällst mir«, sagte er.

Er mir auch.

»Darf ich dich küssen?«

Klar. Er beugt sich über den Tisch und küsst mich. Aber wie. Zärtlich und fordernd zugleich. Mit nicht zu viel und nicht zu wenig Zunge. Nicht zu feucht und nicht zu trocken. Ein feines Kribbeln schleicht sich in meinen Bauch. Er muss um 23 Uhr zu Hause sein, seine Frau wartet. Wir gehen. Auf der Straße vor meinem Auto umarmt er mich zum Abschied. Küsst mich, fährt mit seinen Händen über meinen Körper. Sein Schwanz ist hart und groß, fühlt sich durch den Jeansstoff sehr gut an.

»Komm mit in mein Auto, ich hab Standheizung«, flüstert er heiser.

»Nein, nächstes Mal.« Mit ihm will ich keinen schnellen Fick auf dem Rücksitz. Ich mache mich los, steige ein und fahre.

Am nächsten Tag sitze ich vor meinen Mails wie eine Schlange vor dem Kaninchen. Drücke immer wieder auf Aktualisieren. Sehe immer wieder seine schönen dunkelbraunen Augen vor mir. Überlege, wann ich mich melden soll, wenn er sich nicht meldet. Oder ob ich die Zeichen falsch gedeutet haben könnte …

Dann endlich gegen Mittag kommt die erlösende Mail. Und was für eine.

Wow! Ich bin noch ganz elektrisiert! Ja, so hab ich mir das in meiner »Männerfantasie« vorgestellt. Genau so, wie du das beschrieben hast. Nichts übertrieben: Du bist unglaublich erotisch, hast 'ne super Figur. Na und dann, als ich erahnen durfte, was sich unter der supersexy Hülle verbirgt! Ja, ich glaub, wir könnten viel Spaß miteinander haben. Hoffentlich bleibt es nicht nur bei einer Fantasie, denn ich würde dich gern wiedersehen. Dann bitte nicht mehr auf der kalten Straße. Die Nacht hab ich noch ständig an dich denken müssen … Mann, bist du geil (darf ich das so deutlich sagen?). Sag mir, wann wir uns treffen können!!! Ricky.

Wann wir uns treffen können? Am liebsten jetzt. Sofort! Aber leider kann er erst drei Tage später am Abend von zu Hause weg. Er kommt zu mir. In meinem Bauch kribbelt es, ich bin ein kleines bisschen aufgeregt. Er ist überpünktlich, bringt Getränke mit.

Doch weiter als bis zum Öffnen der ersten Prosecco-Flasche kommen wir nicht, stattdessen fallen wir gierig übereinander her. Er hat einen gut gebauten Körper. Sein Schwanz hat genau die richtige Größe, und vor allem, was noch wichtiger ist, den richtigen Umfang. Wir wälzen uns auf dem Bett, ich nehme seinen

Schwanz in den Mund, lecke, spüre, wie alles feucht wird. Er sieht an sich hinunter. »Schätze, ich muss nachher bei dir duschen, sonst merkt meine Frau was.« Wir liegen nackt im Bett, trinken Prosecco, unterhalten und streicheln uns.

Keine zehn Minuten später ist er wieder bereit. Diesmal will ich ihn richtig. Ich will mich auf ihn setzen, er dreht mich um, dringt in mich ein und vögelt mich. In einem perfekten Rhythmus.

Seine Stöße sind nicht zu hart und nicht zu sanft. Ich bewege mein Becken in seinem Rhythmus. Er stöhnt auf und kommt. Schade, ich hätte stundenlang so weitermachen können.

Es ist die Art von Sex, bei der man bereits beim ersten Mal das Gefühl hat, als würde man schon ewig miteinander ficken. Danach liegen wir verschwitzt und keuchend nebeneinander. Meine Hand tastet nach seinem Schwanz. Sogar im entspannten Zustand fühlt er sich gut an. Was man nicht von allen Schwänzen sagen kann. Manche sind schlapp wie ein nasser Sack.

Wir unterhalten uns, ich habe dabei seinen Schwanz in der Hand. Ich frage ihn nach seinen liebsten Stellungen. »Alle«, sagt er. »Und du?«

»Ich mag's gern auf dem Tisch«, sage ich und er antwortet, er habe es noch nie auf einem Tisch getrieben, aber er habe einen ziemlich stabilen Küchentisch zu Hause. Das nächste Mal soll ich ihn besuchen, am Vormittag, wenn seine Frau bei der Arbeit ist.

Sein Schwanz wächst wieder in meiner Hand, ich habe auch wieder Lust. Er taucht nach unten, leckt mich. Kommt wieder hoch, dreht mich auf den Bauch, spreizt meine Beine und vögelt mich von hinten. Nicht anal, ganz normal. Sanft, mal schnell, mal langsam, er hat's ziemlich gut drauf, auch wenn er es noch nie auf einem Tisch gemacht hat.

Er kommt zum dritten Mal, auch ich spüre, wie der Orgasmus durch meinen Körper schwappt. Wir bleiben noch kurz liegen, dann sieht er auf die Uhr. »Es ist gleich 23 Uhr, ich muss gehen, meine Frau, du weißt …«

Er duscht sich noch schnell seinen Schweiß, sein Sperma und meinen Geruch vom Körper, dann geht er. Ich sehe ihm nach, hoffe, dass das Kribbeln in meinem Bauch nachlässt, weil ich überhaupt keine Lust habe, mich in einen verheirateten Mann, den ich noch dazu über ein Sex-Portal im Internet kennengelernt habe, zu verlieben, und frage mich, ob es klüger wäre, ihn nicht wiederzusehen.

Hallo Siena, heißt du überhaupt so? Egal, es war wunderbar gestern Abend. Du bist so ziemlich das Schärfste, was ich bisher gesehen habe! Freue mich schon, wenn wir uns wiedersehen können. Mir reicht's jetzt erst mal mit Internet-Dates, ich werde mich hier ausklinken. Das heißt, du müsstest mir an meine private Mailadresse antworten. Kuss, bis zum nächsten Mal (bei mir auf den Küchentisch?!). Ricky, schreibt er mir am nächsten Tag.

Ich kann nicht widerstehen. Eine Woche später treffen wir uns wieder bei mir, haben richtig schönen Sex. Als er geht, bleibt er in der offenen Tür stehen. Druckst herum. Will etwas sagen, setzt an, zögert. Sieht mir in die Augen, blickt auf den Boden, als wolle er das Muster des Parkettbodens für immer einspeichern.

»Ich kann das nicht mehr, Siena«, sagt er dann.

Wie? Was? »Aber ich hab gedacht, du machst das seit zwei Jahren?«

»Schon, aber nicht so.«

Hm. Wie dann? »Wie meinst du das?«

Jetzt sieht er auf, schaut mit seinen schönen dunkelbraunen Augen in meine. »Ich betrüge meine Frau mit dir.«

Ja. Genau das haben wir gerade gemacht. Und letzte Woche auch schon. Genau das wolltest du doch auch! Wo ist plötzlich das Problem? »Aber ich dachte, du machst das schon länger, du hast vor mir schon andere Frauen getroffen?«, frage ich ziemlich überrascht.

»Das war Sex. Ich bin dabei, Gefühle für dich zu entwickeln, ich muss an dich denken, das ist was anderes.« Er zuckt mit den Schultern. »Es ist daher besser, wenn wir uns nicht mehr sehen. Bitte respektiere meine Entscheidung.« Damit dreht er sich um und zieht die Tür hinter sich zu.

Erleichtert und betrübt zugleich beseitige ich die Spuren dieser Nacht. Erleichtert, weil es mir ähnlich ging wie ihm und es zu nichts geführt hätte, traurig, weil ich ihn sehr gern weiter getroffen hätte.

Wir haben uns nicht wiedergesehen.

DAUMENGROSS

Marlon, Nickname: mar-lon

Profil: Ein Sprichwort sagt: »Verstehen kann man das Leben rückwärts, leben muss man es vorwärts!« Würde mich freuen, wenn sich beim »Vorwärtsleben« unsere Wege kreuzen. Wenn du genau wie ich das Bedürfnis nach Zärtlichkeit und Leidenschaft hast, dies mit Gefühl und Nähe, aber ohne Besitzdenken ausleben möchtest, dann suchen wir das Gleiche. Mir geht es nicht um einen schnellen One-Night-Stand, sondern um eine längere Zweitbeziehung mit Niveau und Stil. Ich suche nicht den schnellen Genuss, sondern das lange Vergnügen. Es sollte bei uns also über und unter der »Gürtellinie« prickeln. Ich suche eine tolle Frau mit Niveau, mit der ich Sinnlichkeit und Erotik erleben kann. Und Erotik ist für mich mehr als Sex. Es ist das Flirten, es sind die kleinen Gesten – ein Leuchten in den Augen, eine Berührung unter dem Tisch, ein romantischer Kaminabend bei knisterndem Feuer, einer guten Flasche Rotwein und Kerzenlicht. Ich bin gespannt, ob es so eine Frau gibt!

Er ist gerade beruflich auf einem Seminar in einem Hotel etwas außerhalb der Stadt. Am Abend könne er sich ausklinken und mich dort an der Bar treffen, schrieb er.

Es ist ein schönes Hotel. Marlon ist ein schöner Mann – zumindest sah das Bild in seinem Profil sehr ansprechend aus –, es könnte ein schöner Abend werden.

Er wartet schon an der Rezeption, als ich komme. Ich erkenne ihn gleich, er sieht genauso gut aus wie auf dem Foto. Vielleicht sogar noch ein bisschen besser. Zumindest der Kopf. Sein Bauch ist ein bisschen rundlich. Nicht besonders, nicht so, dass es stören würde, nur ein bisschen.

Er spürt meinen Blick, klopft sich auch gleich auf den Bauch. »Zu viele Meetings in letzter Zeit, zu viele Geschäftsessen, zu wenig Bewegung«, entschuldigt er sich lächelnd. »Aber ich arbeite schon intensiv daran.«

Er hat ein umwerfendes Lächeln. Aus der Nähe sieht er noch besser aus. Braun gebrannt, kurze dunkle Haare, schöne dunkelgrüne Augen, tolle weiße Zähne. Er gefällt mir.

»Wollen wir an die Bar gehen und was trinken?«, schlägt er dann vor.

»Klar.«

Auch die Bar ist schön. Gedämpftes Licht, prasselndes Kaminfeuer, nicht zu viele Menschen. Wir setzen uns in eine lauschige Ecke. Er ist ein Mann von Welt, kultiviert, gebildet, humorvoll, und er ist in seiner Firma für die Koordinierung der europaweiten Kontakte zuständig. Ein perfekter Mann. Er ist verheiratet, aber ständig unterwegs, hat zwei kleine Kinder.

»Da bleibt zu Hause viel auf der Strecke«, seufzt er. »Wenn ich nach einer stressigen Woche heimkomme, stürzt sich meine Frau gleich auf mich und berichtet von den Problemen im Kindergarten, in der Schule, im Haushalt und dabei will ich einfach nur abschalten.« Er rutscht näher zu mir und legt den Arm um mich. »Nicht diskutieren, einfach nur genießen, verstehst du?«

Seine Berührung gefällt mir. Er riecht gut, wir sind inzwischen beim dritten Glas Prosecco.

»Im Bett läuft bei uns mittlerweile gar nichts mehr. Meine Frau hat keine Lust auf Sex. Wir leben zusammen wie Brüderchen und Schwesterchen. Das reicht mir einfach nicht.«

Ich verstehe ihn, aber ich verstehe seine Frau nicht. Marlon ist große Klasse. Hat einen Blick wie ein Tiger. Wie kann man so einen Mann nicht wollen? Am liebsten würde ich sofort mit ihm auf sein Zimmer gehen. In sein Bett.

Er schenkt mir noch mal Prosecco nach. Ich bin mit dem Auto hier, habe aber eigentlich schon beschlossen, bei Marlon im Zimmer zu übernachten. Wenn ich mir vorstelle, wie wir uns näher kommen, bekomme ich eine Gänsehaut. Ich will diesen Mann.

Der Barkeeper dimmt das Licht noch ein bisschen mehr, legt romantische Schmusemusik in den CD-Player. Ich habe mich an Marlons Schulter gekuschelt. Es fühlt sich gut an. Irgendwie vertraut.

»Es gibt doch bestimmt viele Frauen, die an dir interessiert sind? Warum suchst du jemanden über ein Sex-Portal im Internet?«, frage ich irgendwann.

»Ich habe einige hübsche Kolleginnen, aber eine Affäre auf der Arbeit kann ich mir nicht leisten«, sagt er. »Eine Freundin würde irgendwann Forderungen stellen, die ich nicht erfüllen kann, sie würde mich ganz für sich haben wollen, mich drängen, meine Frau zu verlassen. Aber ich will meine Kinder nicht verlieren, ich liebe sie über alles.«

Er streichelt über meinen Arm. Ich kann es kaum noch erwarten, endlich mit diesem Mann allein zu sein. Ihn die ganze Nacht zu verwöhnen.

Marlon schenkt nach. Inzwischen ist die zweite Flasche Prosecco leer. Der Alkohol steigt mir in den Kopf, mir ist ein bisschen schwindlig, wohlig schwindlig.

»Ich würde dich gern küssen«, raunt er in mein Ohr.

Dann tu's doch endlich!

Marlon beugt sich zu mir und küsst mich. Er küsst komisch. Öffnet den Mund, streckt seine Zunge heraus und züngelt mit meiner. Beinahe ohne meine Lippen zu berühren. Wenig anregend, eher gewöhnungsbedürftig, aber na ja, mal was anderes. Mal sehen, was er noch so draufhat.

Seine Hand gleitet unter mein Shirt, streichelt die nackte Haut meines Rückens. Das fühlt sich sehr gut an. Ich will endlich mit ihm allein sein. Meine Hand bewegt sich vorsichtig zu seiner Hose. So unauffällig wie möglich, damit es der Barkeeper nicht mitbekommt. Fühlt sich komisch an, was ich da ertaste. Viel Stoff, viel Hose. Er ist noch nicht richtig geil auf mich. Vielleicht will er ja gar nicht?

»Gehen wir in mein Zimmer?«, haucht er mir ins Ohr.

Ja, endlich.

»Ich geh vor, du kommst nach, ich habe Zimmernummer 740.« Er steht auf. Ich sehe ihm nach. Von hinten sieht man nichts von seinem kleinen Bauchansatz. Er hat breite Schultern und einen ziemlich knackigen Hintern. Ich trinke mein Glas leer und fahre dann mit dem gläsernen Aufzug nach oben ins siebte Stockwerk, klopfe an seine Zimmertür. Zimmer? Es ist eine gigantische Suite. Riesengroß, Himmelbett, tolles Bad mit großer Wanne und Blütenblättern am Beckenrand. Perfekt für ein romantisches Bad nach einer heißen Nacht zu zweit.

Marlon schlingt gleich die Arme um mich. Ich bin feucht, scharf auf ihn. Er zieht mir die Bluse aus, schiebt meinen Rock hoch, zieht meine Strumpfhose runter, steckt zwei Finger in meine Muschi und bewegt sie hin und her. Aber irgendwie hat er's nicht drauf. Nee, so geht das nicht, das zwickt höchstens. Ich entwinde mich seinen Fingern, knöpfe sein Hemd auf. Seine Brust ist rasiert. Der Bauch liegt frei und sieht doch um einiges dicker aus als im Hemd. Aber egal.

Ich umrande mit meiner Zunge seine Brustwarzen, er stöhnt lustvoll. Er umfasst mit seinen Händen meine Brüste und massiert sie zärtlich. Das macht er gar nicht so schlecht und ich werde wieder richtig heiß.

Ich öffne seinen Gürtel. Fahre mit meiner Hand in seine Hose. Werde nicht wirklich fündig. Komisch. Er stöhnt auf. »Ja, ja, komm, mach's mir, ahhh, du bist so scharf ...!«, ächzt er dabei heiser. Seine Begierde heizt auch mich wieder an. Ich reiße seine Hose runter, er packt mich, wirft mich auf das Bett. Ich setze mich auf ihn. Er schält sich aus seinem Hemd, hat jetzt nur noch seinen schwarzen Slip und Socken an. Er beugt sich nach vorn, küsst mich wild und ungestüm, zieht dabei seinen Slip aus. Liegt jetzt nackt unter mir. Nur noch mit seinen Socken bekleidet. Und plötzlich kann ich seine Frau verstehen. Sein Schwanz ist in etwa so groß wie mein Daumen. Im erigierten Zustand.

»Ja ... ja ... fass ihn an ... du bist so geil ... du bist der Hammer.« Er führt meine Hand zu seinem Minischwanz. Ich umfasse ihn. Nichts davon schaut mehr aus meiner Faust heraus. Hab ich das Teil eigentlich noch in der Hand?

»Ah ... ja ...«, stöhnt er lustvoll. Offenbar ja.

Jetzt richtet er sich auf. Sein Bauch fällt nach vorn. Sein Schwanz verschwindet ganz unter der Masse, ist nicht mehr zu sehen. »Ah ... komm ... ich will dich ...«, stöhnt er. Aber ich ihn nicht mehr.

»Nimm ihn in den Mund ...« Er streckt seine Finger aus, will sie in meine Muschi stecken. Es tut weh. Ich bin inzwischen so trocken wie die Wüste nach einem langen, heißen Sommer. Ich kann das Ding nicht in den Mund nehmen, nicht mal aus Mitleid, ich habe Angst, dass ich es verschlucke oder nie wieder finde ...

Ich tue so, als würde ich auf die Uhr blicken. »Oh verdammt, schon so spät, ich muss los.« Ich schwinge mich vom Bett, schlüpfe hastig in meine Klamotten. Er sitzt auf dem Bett, nackt mit halbhohen schwarzen Socken, und sieht mir zu. Ich kann ihn gar nicht mehr ansehen. Sonst vergeht mir die Lust möglicherweise für immer.

So ein schöner Mann und so ein kleiner Freund. Es gibt nichts Abtörnenderes als einen zu kleinen Schwanz. Und nein! Es kommt nicht auf die Technik an. Es kommt einzig und allein auf die Länge an.

Ich nehme mir ein Taxi und fahre nach Hause.

Mein Auto habe ich dann am nächsten Tag geholt und war froh, dass ich ihm nicht mehr begegnet bin.

KEINEN BOCK AUF BLÜMCHENSEX

Leon, Nickname: mrloverboy

Profil: Bin auf der Suche nach einer endgeilen, heißen, verschwiegenen Affäre, die ein wenig Abwechslung in den tristen Alltag bringt. Könnte mir auch sehr gut Sex mit zwei Frauen vorstellen!! Ich hoffe, hier aufgeschlossene Damen zu finden, die auch an nahezu tabulosem Sex interessiert sind und gerne neue Sachen ausprobieren wollen. Gibt es etwas, das du im erotischen Teil deines Lebens vermisst? Geilen Sex mit Prickeln im Bauch, wovon man süchtig wird, so wie ich? Ich würde mich freuen, wenn du mir mal mailen würdest, wir könnten uns ja dann auf diesem Weg kennenlernen, wenn du Lust hast!!! Glaub aber schon, sonst wärst du ja nicht auf so einer Seite unterwegs – Grins!

Mr. Grins heißt Leon und sieht unverschämt gut aus. So gut, dass ich ihm die eklatanten Rechtschreibfehler in seinen Mails nachsehe. Auf seinem Profilbild ist er völlig nackt, nur seinen Schwanz verdeckt er mit einem Buch. Dazu grinst er unwiderstehlich.

Er ist einer der Kandidaten, bei denen es schon beim Blick auf sein Profil ein bisschen im Bauch kribbelt, die man unbedingt kennenlernen will. Die es allerdings ziemlich spannend machen mit einem Date. Es hat ziemlich lange gedauert bei ihm. Immer wieder hatte er Terminprobleme, sagte kurzfristig ab, aber jetzt hat es endlich geklappt.

Wir haben uns an einer Tankstelle an der Autobahn verabredet. Ein merkwürdiger Treffpunkt, aber da ich an diesem Tag ohnehin von einem auswärtigen Termin komme, passt es ganz gut.

Ich warte mit einem leichten Kribbeln im Bauch. Wenn er so aussieht wie auf seinem Foto, können wir gleich loslegen. Röhrend kommt Leon mit einem metallicblauen Sportwagen älteren Baujahrs angefahren. Er steigt aus und ich bin platt. Der Typ ist der Wahnsinn. Groß, enge Jeans, schwarzes Shirt, dunkle Sonnenbrille, muskulös, ohne ordinär zu wirken, so schön, so lässig, dass er locker als Model durchgehen könnte.

Warum sucht so ein Traumtyp jemanden übers Internet? Er muss nur einmal durch einen Nachtclub gehen und die Frauenherzen fliegen ihm zu. Wo ist der Haken?

»Ja, hallo servus.« Sogar seine Stimme passt. Dunkel, markant. Zur Begrüßung haucht er mir einen Kuss auf die Wange. Umarmt mich. Fasst mit einer Hand an meinen Hintern. Es kribbelt. Dieser Leon ist einfach zu perfekt, um wahr zu sein. Aber offenbar ist er wahr. Er nimmt seine Sonnenbrille kurz ab und zwinkert mir zu. Aus wunderschönen samtbraunen Augen. Mustert mich von oben bis unten. Nickt.

»Passt.« Er nimmt mich an der Hand und führt mich zu seinem Sportwagen. »Auf geht's.«

Äh. Halt. Moment! »Wohin denn?«, will ich wissen.

»Zu mir.«

Ähm. Jetzt bin ich doch ein bisschen unsicher. Soll ich wirklich einsteigen? Er sieht super aus. Ich will mit ihm vögeln. Aber irgendwie geht das gerade doch ein bisschen zu schnell. Ich habe plötzlich ein komisches Gefühl im Bauch.

»Wo wohnst du denn?«, will ich wissen und entziehe ihm meine Hand.

»Nicht weit weg.«

»Und wo genau?«

»Siehst du dann schon.«

»Und was machen wir da?« Blöde Frage, zugegeben. Sieht er auch so. »Ich zeig dir meine Briefmarkensammlung.«

Er kommt auf mich zu, fasst unter mein Kinn, küsst mich. Heftig, gierig, voller Verlangen. Nimmt meine Hand und drückt sie auf seinen Schwanz, der hart ist wie Beton.

»Ich will dich«, raunt er. Dann steckt er seine Zunge in mein Ohr. Das mag ich gar nicht, ich drehe mich weg. Er greift wieder meine Hand und zieht mich zu seinem Wagen. Na gut. Was soll's. Was kann schon passieren? Wir werden Sex haben. So wie sich seine Küsse und seine Hose anfühlen, wird es wohl guter Sex sein. Ich steige ein. Er tritt aufs Gas, röhrt von der Tankstelle.

Eine Hand hat er am Steuer, mit der anderen schiebt er meinen Rock hoch. Steckt seine Finger in meinen Slip. Berührt mich. Er macht es gut. Es gibt nicht allzu viele Männer, die wissen, wie man eine Frau mit den Fingern heiß macht. Die meisten meinen, es ist damit getan, Mittel- und Zeigefinger reinzustecken und damit ein bisschen rumzuwühlen. Ich werde feucht, stöhne leicht auf. Er zieht seine Finger raus, steckt sie in seinen Mund, leckt sie ab. Knöpft seine Jeans auf, holt seinen Schwanz raus. Aufrecht wie ein Stock ragt er nach oben. Pulsierend, beschnitten, gut groß.

Er packt mich am Kopf, zieht mich rüber und steckt seinen Schwanz in meinen Mund. Packt mich an den Haaren und bewegt meinen Kopf hoch und runter. Nicht gerade die bequemste Position, aber seine Geilheit macht mich heiß. Sein Schwanz pulsiert so kräftig in meinem Mund, als könnte er jeden Moment kommen. Plötzlich stößt er mich weg, fährt rechts ran und parkt den Wagen.

»Hier wohn ich.« Er macht sich nicht die Mühe, die Hose zuzuknöpfen, zieht nur sein schwarzes Shirt drüber. Er steigt aus, ich auch. Ich sehe mich um. Wir stehen vor einem vierstöckigen Wohnblock. Nicht besonders schäbig, nicht besonders toll.

»Komm.«

Ich folge ihm durch die Eingangstür. Er schließt eine Wohnung im dritten Stock auf. Eine Zwei-Zimmer-Wohnung. Ordentlich, sauber, ziemlich leer.

Er zieht sein Shirt aus, entblößt einen perfekt definierten Oberkörper, hat nur noch seine Jeans an, sein Schwanz ragt durch den Hosenschlitz steil nach vorne. Er sieht geil aus. Macht mich an. Er lässt sich auf das schwarze Ledersofa fallen. »Zieh dich aus.« Offenbar steht er auf Strip. Ich nicht so.

Ich setze mich neben ihn auf das Sofa, beuge mich über seinen Schwanz und nehme ihn wieder in den Mund, fahre auf und ab. Er stöhnt, wühlt durch meine Haare. Ich bin heiß, taste in meiner Tasche nach einem Kondom, will mich auf ihn setzen. Er stoppt mich. »Warte.« Okay. Außer Atem lasse ich mich zurück auf das Sofa fallen.

Er steht auf, geht in einen anderen Raum. Kommt mit zwei Gläsern, einer Colaflasche und einem schwarzen Täschchen zurück. Er setzt sich wieder auf das Sofa. Sein steifer Schwanz ragt die ganze Zeit unbeweglich aus seiner Jeans, sinkt kein Stückchen runter, wird kein bisschen schlaffer.

Er stellt Cola, Gläser und Täschchen neben sich auf den Boden, packt mich, zieht mich zu sich rüber und küsst mich. Dabei steckt er seine Zunge so tief in meinen Mund, dass er bestimmt schon meine Mandeln berührt. Er zieht mich aus, bis ich nur noch meinen schwarzen BH und meine halterlosen Strümpfe anhabe.

Er kniet sich vor mich, spreizt meine Beine, leckt mich. Ich lehne mich zurück, schließe die Augen, genieße seine Zunge. Auf einmal spüre ich etwas Hartes zwischen meinen Beinen, das gerade ziemlich schnell in mich hineingestoßen wird und ein bisschen wehtut. Sein Schwanz?

Ich mache die Augen auf. Er hat einen schwarzen Riesendildo aus hartem Plastik in der Hand und rammt ihn in mich hinein.

Nein! Das ist gar nicht mein Ding. Vor allem ist dieses Teil richtig groß, hart und fühlt sich an, als würde es bis zu meinem Bauchnabel vordringen. Und es macht mich überhaupt nicht heiß, sondern schmerzt nur. Ich schubse ihn weg, was gar nicht so einfach ist, denn er ist ziemlich kräftig.

»Auf so was steh ich nicht.«

»Stell dich nicht so an.«

»Nicht auf solche Mammutteile.«

Schließlich zieht er das Teil aus mir raus, setzt sich wieder neben mich auf das Sofa. Beugt sich über mich und küsst mich auf den Mund. Streichelt meine Brüste. Es fühlt sich wieder gut an. Er beugt sich neben das Sofa, schüttet Cola in die beiden Gläser. Die Flüssigkeit zischt in die Gläser. Er reicht mir ein Glas.

»Hier.« Ich trinke einen großen Schluck.

»Ich habs auch 'ne Nummer kleiner«, flüstert er dann in mein Ohr. »Ich steh da voll drauf.«

Aber ich nicht. Ich will seinen Schwanz, kein Gummiteil, egal wie groß. Er lässt von mir ab, holt sein schwarzes Täschchen, macht es auf, lässt mich reinsehen. »Meine kleinen Helfer.«

Dildos in vielen Größen und Farben, Handschellen, Gleitgel und ein paar andere merkwürdige Gerätschaften, die ich noch nie gesehen habe. Nee, danke. Langsam vergeht mir die Lust. Ich rutsche von ihm weg. Er beobachtet mich aus den Augenwinkeln. Sieht mich irgendwie komisch an. Er drückt mir mein Glas in die Hand. Dann holt er etwas aus dem Täschchen.

»Hier.« Auf seiner flachen Hand liegt eine kleine weiße Pille. »Nimm.«

»Was ist das?«

Er grinst komisch. »Kopfschmerztablette.«

»Ich hab aber grade gar keine Kopfschmerzen.«

»War nur ein Joke.«

War mir klar.

»Wirf das ein, das macht dich lockerer und richtig heiß, dann gehst du ab wie eine Rakete, wenn ich dich ficke. Mein Schwanz steht stundenlang mit dem Zeug. Das wird der geilste Fick deines Lebens. Nimm schon.«

Oh nein, ganz bestimmt nicht. Sex ja, Drogen nein. Ich will aufstehen. Etwas unsanft packt er mich am Arm und drückt mich zurück. »Jetzt stell dich nicht so an.«

Scheiße. Ich bekomme ein bisschen Angst. Wir sind hier in seiner Wohnung, niemand weiß, wo ich bin. Wir sind allein, er ist stärker als ich. Er kann mit mir machen, was er will. Verdammt.

Er hält seine Handfläche mit der kleinen weißen Pille direkt unter meinen Mund. Ich presse meine Lippen zusammen. Ich will das Zeug nicht nehmen.

Mein Herz klopft schneller. Was, wenn er mich zwingt, das Zeug zu schlucken? Ich kann nicht wirklich was dagegen tun. Ich bin ihm ausgeliefert.

Was, wenn er dann mit mir macht, was er will, mich quält, vielleicht sogar umbringt und dann irgendwo im Wald verscharrt?

Mit wird übel vor Angst. Ich drücke mich immer weiter in das Sofakissen. Seine Hand ist noch immer unter meinem Mund. Plötzlich zieht er sie ruckartig zurück.

»Ey, bist du eine Langweilerin. So was brauch ich echt nicht.« Er sucht meine Klamotten zusammen und wirft sie auf mich. »Ich hab kein' Bock auf Blümchensex. Verzieh dich, das bringt's nicht mit dir.«

Oh ja! Nichts lieber als das. Mein Herz klopft wie eine Buschtrommel, ich ziehe mich so schnell an wie noch nie in meinem Leben und bin einfach nur froh, als ich endlich wieder unten auf der Straße stehe.

Zehn Minuten stehe ich unten und warte auf das Taxi, das ich per SMS bestellt habe. Immer wieder schiele ich dabei etwas ängstlich in den Hauseingang, was Blödsinn ist, denn sicherlich wird er nicht hinausstürmen und mich wieder zu sich nach oben zerren.

Trotzdem bin ich froh, als ich endlich im Taxi sitze, das mich zu meinem Auto bringt. Zu Hause lege ich mich mit einem Glas Rotwein in die Badewanne – nicht ohne zuvor meine Haustür zweimal abzuschließen.

DAS MIT UNS WIRD NICHTS

Matthias, Nickname: Matthias_9

Profil: Ich würde mich dir gern näher vorstellen und will mit meinen Äußerlichkeiten beginnen: Ich bin sportlich, wenngleich nicht athletisch oder besonders muskulös. Ich bin ziemlich gut gebaut, aber du solltest keinen werbefähigen Waschbrettbauch erwarten. Ich sehe gut aus, und meine Erscheinung würde ich als lässig-elegant bezeichnen. Ich bin ein Freigeist, der es liebt, Grenzen zu erweitern. In meinem Beruf als Manager bin ich sehr erfolgreich, trotzdem gehört meine eigentliche Liebe der Kunst und Philosophie. Intelligent und selbstbewusst, umfassend gebildet, phantasievoll, zärtlich, aber auch leidenschaftlich und ausdauernd als Liebhaber, humorvoll und neugierig, suche ich eine attraktive und selbstbewusste Frau, die ebenso wie ich auf der Suche nach einer leidenschaftlichen Affäre, gern auch längerfristig, ist; eine Frau, die sich in der Sexualität neu erfahren möchte, für die Sexualität eine geistig-körperliche Einheit darstellt, in der die Phantasie das körperliche Erleben intensiviert.

Es ist einer der Abende, an denen ich richtig Lust auf ein Date habe. Ich freue mich darauf, Matthias kennenzulernen. Er ist Manager und ein Mann mit einem etwas anderen Profil. Er schrieb mir im Vorfeld, dass Lesen für ihn die Aufnahme geistiger Nahrung ist, ohne die er nicht existieren kann. Und dass er neugierig darauf ist, was seine Traumpartnerin liest, weil er durch sie neue Welten kennenlernen darf. Was um alles in der Welt sucht so ein vergeistigter Mann auf einem Seitensprungportal? Sollte er sich nicht besser in einem Buchclub anmelden? Ich bin ziemlich neugierig auf diesen Matthias. Er ist schon vor mir da, wartet vor der Tür des kleinen Weinlokals, vor dem wir uns verabredet haben. Er muss es sein, denn weit und breit ist kein anderer Mann zu sehen. Doch er sieht irgendwie anders aus als auf seinem Foto. Da stand er lässig grinsend gegen eine Wand gelehnt, die Anzugjacke locker über die Schulter geworfen. Im wirklichen Leben sieht er gar nicht lässig aus. Er ist schmächtiger, die Haare sind dünner, die Stirn höher. Am rechten Ohr trägt er einen Ohrring. Ich steh nicht auf Ohrringe bei Männern.

»Matthias?« Er nickt. Mustert mich. Sagt nichts, kein Wort, hält mir nur die Tür auf. Er hat sehr schmale Hände, trägt kleine, dünne Ringe an jedem seiner langen Finger. Ich mag es nicht, wenn Männer Ringe tragen. Im Weinlokal herrscht gähnende Leere. Ich gehe vor, setze mich an irgendeinen Tisch. Er setzt sich neben mich, rutscht aber auf die äußerste Stuhlkante, ganz weit weg, so, als habe er Angst, ich könne über ihn herfallen.

»Das mit uns wird nichts«, sagt er dann geradeheraus.

Ups. Mein Typ ist er auch nicht gerade, aber eine so deutliche Abfuhr …

»Wenn ich ein Bild von dir gesehen hätte, hätte ich dir das gleich sagen können, dann wär ich gar nicht erst hierhergekommen«, schickt er noch unverblümt nach.

Okay. Danke! Und jetzt? Soll ich gleich gehen? Oder noch etwas bleiben?

Der Kellner kommt, ich entschließe mich fürs Bleiben und bestelle ein Glas Wein. Er bestellt ein kleines Glas Wasser ohne Kohlensäure.

»Wie sollte denn die Frau sein, die du suchst?«, will ich dann wissen.

»Wie ich es in meinem Profil beschrieben habe.« Er scheint etwas wortkarg zu sein.

»Wie denn?«, hake ich nach.

Matthias nippt an seinem stillen Wasser, dann legt er los: »Sie sollte attraktiv und selbstbewusst sein. Sie sollte mit sich selbst im Reinen sein und wissen, was sie will, um mit mir eine Beziehung auf Augenhöhe führen zu können. Sie sollte nach einer Partnerschaft suchen, die der wechselseitigen Steigerung dient, um gemeinsam ein intensives und abwechslungsreiches Leben zu führen, das sich immer wieder neu in der Beständigkeit und im wechselseitigen Vertrauen erfindet.«

Hui. »Und wie lange bist du schon auf der Suche nach dieser Traumfrau in diesem Portal?«

»Seit einem dreiviertel Jahr.«

»Und? Hast du dich schon mit mehreren Frauen getroffen?«

»Mit drei Frauen. War aber alles nichts. Mit einer Frau hätte es klappen können, wir hatten längeren, sehr erfreulichen Mailkontakt, aber sie hätte leider nur am Wochenende Zeit gehabt und da bin ich immer zu Hause bei meiner Frau.«

Der Typ ist behängt wie ein Weihnachtsbaum. Um den Hals hat er ein Kautschukband mit einem merkwürdigen Anhänger, um jedes Handgelenk klammert sich ein Magnetband. Und er hat eine Hühnerbrust mit Haaren, die bis hinauf zum Halsansatz wachsen. Auf seinem Foto im Internet sah man das alles nicht.

»Weiß deine Frau, dass du im Internet nach Sex suchst?«, will ich wissen.

Er nickt, nippt wieder an seinem Wasser. »Natürlich. Sie macht das auch. Sie hat damit angefangen.«

»Aha.«

»Meine Frau und ich sind seit über zwei Jahrzehnten verheiratet, sie ist Manager wie ich«, legt er dann los. »Wir haben begonnen, eine offene Beziehung zu führen, damit wir beide die Aufregung einer Abwechslung, das Prickelnde des Neuen und Anderen erfahren können. Wir haben uns für die Freiheit entschieden, Kompromisse einzugehen. Dazu gehört auch die Freiheit, mit anderen Partnern Sex zu haben.«

Puh. Irgendwie merkwürdig, der Typ. »Und wie oft hast du deine Frau betrogen?«

»Ich hab sie noch nie betrogen«, sagt er mit einem gewissen Stolz in der Stimme. »Ich habe noch keine Frau getroffen, die so umwerfend und toll ist wie meine Frau.«

»Und hat deine Frau dich betrogen? Hat sie im Internet was Passendes gefunden?«

Er schweigt, trinkt erneut einen Schluck Wasser. »Dreimal. Zweimal was Kurzes. Einmal hatte sie eine lange Affäre, aber das ist vorbei. Wir reden darüber, machen jedes zweite Wochenende eine Paartherapie. Das bringt uns richtig weiter. Wir können jetzt ohne negative Energie über alles sprechen.«

Er ballt seine schmalen Hände. »Wir befinden uns mittlerweile in einer angstfreien Zone, das ist sehr wichtig.«

Er rückt ein ganz klein wenig näher zu mir, scheint etwas zutraulicher zu werden. »Offenheit ist das Wichtigste. Das musst du mit deinem Freund auch erreichen. Man muss sich frei machen von allem. Und man muss zu dem stehen, was man will.«

Was wird das denn? Wir hatten uns zum Sex verabredet, nicht zu einem Therapiegespräch. Ich sehe mich nach dem Kellner um, doch der ist jetzt auch noch verschwunden. In diesem bescheuerten Weinlokal ist es menschenleer.

Matthias kommt jetzt richtig in Fahrt. »Weißt du, ich war früher richtig schüchtern, ein Muttersöhnchen. Ich habe viel gelesen und erst sehr spät Kontakt zur Damenwelt gefunden. Von diesem Konflikt musste ich mich erst mal befreien.«

Ich überlege, ob ich heute Abend noch einen anderen der Männer auf meiner Liste treffe, oder es für heute einfach gut sein lasse. Ich tendiere dazu, es zu lassen. Wenn ich jetzt gehe, könnte ich noch rechtzeitig zu *Desperate Housewives* zu Hause sein.

Matthias redet weiter. »Ich habe früher nicht nur viel gelesen, sondern auch geschrieben. Heute habe ich leider viel zu wenig Zeit. Meine Frau wurde einfach schwanger, ich wollte kein Kind, sie schon. Das war auch der Zeitpunkt, als sie diese längere Affäre begonnen hat, verstehst du, unser Knackpunkt, das war so eine Art Übersprungshandlung von ihr. Sie wollte mich gar nicht betrügen. Sie ist die tollste Frau auf der Welt, aber sie konnte damals eben nicht anders. Ich verstehe das. Aber das haben wir jetzt gemeinsam alles aufgearbeitet. Weißt du, was das Schlimmste überhaupt ist? Belogen zu werden, weil es einem nicht gelingt, dem anderen das Vertrauen zu geben, dass er einem alles sagen kann. Wir arbeiten daran.«

Mein Glas ist leer. Matthias geht mir auf die Nerven. Er sollte sich lieber zu einem Gesprächskreis für betrogene Ehemänner anmelden anstatt bei einem Sexportal.

Der Kellner kommt. »Kann ich Ihnen noch etwas bringen?«

Oh nein, bloß nicht!

Matthias sieht es ähnlich, will auch kein zweites Glas mit stillem Wasser. Er zahlt, legt die genaue Summe auf den Tisch.

»Na dann«, sage ich und stehe auf.

Er auch.

Schweigend gehen wir nach draußen. Die Frage nach einem Wiedersehen müssen wir uns nicht stellen. Ich reiche ihm meine Hand zum Abschied. »Ich wünsch dir viel Glück und Erfolg bei der Suche nach deiner Traumfrau.«

»Ich wünsche dir auch Glück. Und denk an meine Worte«, gibt er mir noch mit auf den Weg.

Oh ja, ganz gewiss, das werde ich. Tag und Nacht.

Ich habe es gerade noch rechtzeitig zu *Desperate Housewives* nach Hause geschafft.

ZICKZACKKURS

Felix, Nickname: outdoorfriend

Profil: »Durch die Leidenschaft lebt der Mensch, durch die Vernunft existiert er bloß«, siehst du das auch so? Ich bin auf der Suche nach einer Frau, die aus der Routine ausbrechen möchte. Wenn du die Frau bist, die in der Lage ist, Rotwein bei Kerzenschein genauso auszukosten wie ein schönes Liebesspiel an einem Ort irgendwo zwischen Badewanne und Maisfeld, wo es uns beiden gefällt, dann solltest du dich angesprochen fühlen! Es ist einfach etwas ganz Besonderes, fremde Haut zu riechen, fremde Lippen zu küssen, einen fremden Körper zu spüren. Einfach raus aus der Routine, das wäre wunderbar. Ich bin beruflich aktiv, kreativ, humorvoll, spontan, ehrlich, romantisch, liebesbedürftig – im Liebesspiel auch großzügig. Über eine Nachricht von dir würde ich mich wirklich sehr freuen. Vielleicht klappt es in nächster Zeit mal mit einem Schnuppertreffen?

Es beginnt intensiv, gleich seine erste Mail ist ewig lang: *Hallo Siena, ich fühle mich »gebauchpinselt«, dass du mir geantwortet hast, wo du doch bestimmt so viel Auswahl hast. Ich lebe übrigens seit vielen Jahren alleine. Meine letzte ernsthafte Beziehung ist vor etwa einem Jahr auseinandergegangen. Und so bin ich gespannt, wie sich mein Leben weiterentwickelt. Keine Angst, ich habe gelesen, dass du in einer Beziehung steckst und ich erwarte keineswegs, dass sich daran etwas ändert, wenn wir zwei uns kennenlernen. Du brauchst auch keine Bedenken vor unserem ersten Treffen zu haben. Ich kann sehr gut verstehen, dass Frau sehr* vorsichtig ist. *Man weiß ja nie, wer dann mit welchen Absichten plötzlich vor einem steht ... So hoffe ich, dass ich mit meinen Zeilen deine Skepsis etwas dämpfen konnte. Und womit beschäftigst du dich in deinem Leben? Ich weiß ja noch sehr, sehr wenig von dir und bin vorsichtig neugierig. Höre ich wieder von dir?*

Er klingt nett, sein Foto sieht gut aus und er schreibt viel. Manche Männer sind ziemlich sparsam mit ihren Worten. Mehr als ein paar knappe Antworten sind nicht aus ihnen herauszubekommen. Mit Männern, die sich ausführlicher melden, macht es deutlich mehr Spaß zu kommunizieren. Dieser Felix scheint besonders kommunikativ zu sein. Also schreibe ich ihm ein paar Zeilen.

Liebe Siena, ich fange an, mich langsam daran zu gewöhnen, dass ich Post von dir kriege, wie schön, schreibt er daraufhin zurück und schildert en detail seinen Arbeitsablauf in einem Verlag. *Nun ist deine Mailbox sicher fast voll. Nun, die lange Mail ist wohl einerseits Ausdruck meiner genügend vorhandenen freien Zeit, andererseits aber sicher auch ein Zeichen von größerem Interesse am Adressaten,* endet seine Mail, als P.S. sendet er mir seine Telefonnummer. Ich rufe ihn nicht an. Ein paar Tage später kommt diese Mail.

Liebe Siena, was hält dich eigentlich davon ab, mal mit mir zu telefonieren? Traust du mir nicht? Oder bist du schüchtern? Vielleicht möchtest du einfach noch nicht aus deiner Anonymität heraustreten? Du äußerst dich in keinem Satz zu dieser Frage. Es ist für mich einfach ein unangenehmes Gefühl, so lange im Dunkeln zu tappen. Aber ich bin sicher, du verstehst mich. Ich fühle mich nicht gerne als Bittsteller und möchte lieber auf gleicher Augenhöhe kommunizieren ... Könnte ich mal ein paar Gedanken von dir zu diesem Punkt erfahren? Nun fahre ich noch in die Stadt, um einige Besorgungen zu machen. Ich hoffe, du hast einen wunderbaren Tag und ich freu mich, wieder von dir zu lesen. Liebe Grüße.

Bevor er völlig verzweifelt, schicke ich ihm meine Telefonnummer, eigentlich will ich ihn ja treffen.

Hi Siena. Ich habe heute Abend versucht, dich telefonisch zu erreichen. Leider hatte ich kein Glück. Und auf meine SMS reagierst du nicht. Ich bin ja eigentlich auch kein Handy-Freak und oft ohne Handy unterwegs. Insofern ist es für mich durchaus nicht ungewöhnlich, wenn die Antwortzeit etwas länger dauert, das ist ja kein Problem. Da ich dich aber eigentlich überhaupt nicht kenne, kommt dann doch irgendwann das Gefühl auf, dass vielleicht alles nur ein Fake ist ... Nicht böse über diese Aussage sein, aber E-Mails allein lassen keine Verbindung zu. So freue ich mich, wenn es nächste Woche mit einem Treffen klappt. Ich werde nächste Woche nochmals versuchen, dich telefonisch zu erreichen. Wenn du magst und Zeit hast, könntest du auch mich anrufen. Hab ein wunderbares Wochenende!

Wir verabreden uns zu einem Date am Samstagabend.

Liebe Siena, wie es aussieht, müsste ich für unser Date einen Freund vor den Kopf stoßen, der mich gebeten hat, bei seiner Geburtstagsparty zu helfen ... Ihn kann ich nicht enttäuschen, also wird wohl leider nix aus unserem Date. Und wie sieht es bei dir eine Woche später aus? Allerdings frage ich mich mittlerweile ernsthaft, wie groß dein Interesse ist. Ich habe gestern erneut erfolglos versucht, dich telefonisch zu erreichen und bekomme so langsam das Gefühl, dass ich dir nachlaufen muss. Denn schließlich bietet sich auch ein Rückruf an, um Kontakt aufzunehmen. Und noch eine Frage an dich: Würdest du mich auch treffen wollen, wenn du kein Foto von mir hättest? Wohl kaum. Und ich weiß nicht, weshalb du dich so bedeckt hältst. Ich hätte doch gerne auch einmal ein Bild von dir gesehen. Ich habe dir doch von der Sache mit der gleichen Augenhöhe erzählt. Und schon wieder fühle ich mich hier nicht auf Augenhöhe. Liebe Siena, wenn dir etwas an unserem Kontakt liegt, bitte ich dich, jetzt aus dem Schatten zu treten. Sei es mit einem Anruf oder mit einem Bild oder mit erklärenden Worten. Wir sind doch erwachsene Menschen, die respektvoll miteinander umgehen. Oder nicht? Liebe Grüße.

Puh, langsam wird er ein bisschen anstrengend, liest sich ein bisschen hysterisch, fast neurotisch.

Guten Morgen Siena, nun haben wir bereits Donnerstag und übermorgen ist der Tag unseres Dates. Ist bei dir immer noch alles in Ordnung, steht der Termin noch? Dies ist meine letzte E-Mail vor unserem Treffen, das heißt, wenn du verhindern möchtest, dass wir uns übermorgen treffen, müsstest du mir dies heute mitteilen.

Nein, schon gut. Wir treffen uns und sehen dann weiter.

Hallo Siena. Ich habe heute Morgen in mich hineingehört und habe gespürt, dass es für mich nicht stimmt, wenn wir uns heute treffen. Ich weiß fast gar nichts über dich, du möchtest mir kein Bild senden, du bist telefonisch nicht erreichbar, du rufst mich nicht zurück, auf fünf Aussagen von mir folgt eine halbe von dir. Das ist mir alles zu einseitig. Und ich suche nicht einfach nur eine blutleere Affäre, sondern – wenn vielleicht auch nur für kurze Zeit – eine warme und vertrauensvolle Verbindung. Ich suche eben eine Frau aus Fleisch und Blut, und nicht ein Phantom. Ich gehe davon aus, dass du nicht über deinen Schatten springen kannst oder möchtest. Deshalb möchte ich es hiermit belassen und ich werde mich nicht mehr melden. Falls du wider Erwarten doch noch ernsthaftes Interesse an mir hast, weißt du, was zu tun ist … Ich wünsche dir alles Liebe und hoffe, dass du bekommst, was du dir wünschst. Machs gut.

Er sucht eine warme, vertrauensvolle Verbindung. Auf einem Seitensprungportal. Oh Mann! So, und jetzt? Auf seinem Foto sieht er gut aus und wenigstens einmal will ich ihn treffen. Das teile ich ihm mit.

Hallo Siena, na ja, das war eine Info, die ich vorher gebraucht hätte ... für heute wird das nix mehr, aber vielleicht hast du trotzdem noch Lust, einen neuen Anlauf zu nehmen und mich nächste Woche zu treffen? Gib mir doch einfach ein Zeichen, ob du noch magst, oder ob unsere Geschichte für dich nun gestorben ist. Ich wünsche dir ein tolles Weekend und entschuldige mich für meinen Zickzackkurs, an dem du aber – ohne vorwurfsvoll klingen zu wollen – durchaus deinen Anteil hast.

Ich schreibe ihm, dass ich großzügig bin und verzeihen kann.

Hallo Siena, da bin ich aber echt überrascht, dass du dich nochmals meldest! Ich habe eigentlich gedacht, dass das Ganze dir nun zu kompliziert wird. Wann passt es dir in naher Zukunft? Wäre super, wenn es etwas früher als 20.30 Uhr wäre. Den Ort bestimmst du. Es muss auch nicht das Wochenende sein, da ich ja auch während der Woche zu dir kommen könnte.

Ich schlage ihm Montag nächster Woche für ein Date vor.

Am Sonntag fahr ich mit einer guten alten Freundin in die Berge. Deswegen weiß ich noch nicht genau, ob es klappt. Aber es muss ja nicht immer alles verplant sein. Ich melde mich Montagvormittag.

Das tut er auch. Mit dieser Mail.

Nun, liebe Siena, es scheint so, als würde das Schicksal es nicht wollen, dass wir uns jemals begegnen. Ich habe mich mittlerweile ziemlich heftig verliebt. Bisher war ich solo und allem gegenüber aufgeschlossen. In einer Beziehung allerdings lebe ich monogam und bin dann an anderen Frauen nicht interessiert. Nun scheint es, so zart und verletzlich solch eine junge Liebe auch ist, dass ich nicht mehr solo bin. Ich denke, dass es aus diesem Grund besser ist, wenn wir unseren Kontakt beenden. Ich hoffe, dass du mir nicht böse bist. So wirst du für mich immer die »große Unbekannte« bleiben. Machs gut und ein zweites Mal übersende ich dir den Wunsch, dass du bald findest, was du suchst.

Hm. Schade. Wenigstens einmal getroffen hätte ich ihn schon gerne nach diesem intensiven Mail-Kontakt. Vielleicht wäre er Mr Right gewesen? Vielleicht hätte es bei uns beiden so richtig gefunkt? Das werden wir nun niemals herausfinden. Ich schreibe ihm eine Abschiedsmail.

Lieber Felix. Es freut mich für dich, dass du deine große Liebe gefunden hast und ich wünsche dir ganz viel Glück. Leb wohl, Siena.

Er schreibt eine letzte Mail zurück. *Liebe Siena. Vielen Dank für deine verständnisvollen Worte. Ich wünsche dir – obwohl ich deine Lebenssituation ja nicht kenne – auch viel Glück und dass sich deine Wünsche erfüllen mögen. Mir wünsche ich selbstverständlich, dass sich meine neue Verliebtheit in eine solide Beziehung verwandelt und ich mir da kein Luftschloss baue. Sollte sich meine Verliebtheit als ebensolches entpuppen – was ich weder glaube noch hoffe –, würde ich mich wieder auf gut Glück bei dir melden. Insofern bleibt die Tür noch einen (klitzekleinen) Spalt breit offen.*

Ich habe nichts mehr von ihm gehört.

LIEBE MACHT BLIND

Simon, Nickname: Simonsun

Profil: Was ich mag: alles, womit ich das Leben in seiner Vielfalt spüren kann. Magisches Lächeln, das Funkeln der Augen, wenn man Begierde spürt. Ich möchte die Stellen deines Körpers entdecken, wo du schwach wirst und nur noch das Eine willst ... Sollte ich dein Interesse geweckt haben, würde ich mich über ein Lebenszeichen freuen. Was ich nicht mag: wenn eine Frau hier angibt, eine Affäre, einen Seitensprung zu suchen und mir dann entrüstet schreibt, dass sie mit verheirateten Männern nichts zu tun haben will. Mädels, Mädels, da kann ich nur den Kopf schütteln ...

Statt eines Porträts hat er ein Bild seines nackten Hinterns in sein Profil gestellt. Ein schöner, fester, wohlgeformter Hintern. Wir treffen uns an einer Tankstelle an einer Autobahnausfahrt. Er ist schon da, kommt auf mich zu, klopft an mein Autofenster.

»Hi, ich bin Simon.«

»Hallo, ich bin Siena.«

Er mustert mich kurz. »Siehst gut aus, Siena.« Er blinzelt mit den Augen. Immer wieder, ziemlich unkontrolliert. Ist das ein Tick oder die Aufregung? Er ist blond, hat Jeans an und ein kariertes Hemd. Sieht durchschnittlich aus. Nicht besonders gut, nicht besonders schlecht. Macht mich nicht wirklich an. Ich überlege kurz, ob ich einfach wieder Gas geben und weiterfahren soll. Tu es aber doch nicht. Ich soll ihm nachfahren, er kennt ein nettes Lokal in der Nähe. Also gut. Nach einer Weile biegt er von der Straße ab in einen engen, dunklen Weg, der durch einen finsteren Wald führt. Weit und breit kein Licht. Mir wird ein kleines bisschen mulmig. Andererseits könnte ich ja wenden und wegfahren. Aber wäre ich schnell genug? Da taucht vor uns endlich ein Lokal auf. Er parkt in der hintersten Ecke, ich neben ihm.

Es ist nicht viel los in dem Lokal. Wir setzen uns an einen Tisch in einer lauschigen Ecke, bestellen Wein. Im Licht sieht Simon netter aus. Er blinzelt immer noch, aber nicht mehr so häufig. War wohl doch die Aufregung. Seine Augen sind samtbraun. Er kümmert sich um Solardächer, ist viel rumgekommen, arbeitet tageweise im Ausland, fliegt mit dem Gleitschirm, geht in die Berge, ist ziemlich sportlich, hat viel zu erzählen.

Er sitzt ganz dicht neben mir. Seine Hand gleitet unter dem Tisch über mein Bein bis hoch zu meinem Oberschenkel, ganz langsam, in Zeitlupe. »Ich bin jetzt seit fünf Monaten bei diesem Portal, hab zwei Frauen getroffen, aber da war nichts für mich dabei«, erzählt er.

»Warum denn nicht?«, will ich wissen.

»Eine Dame war locker zehn Kilo schwerer als beschrieben, die andere hat nur was von Kamasutra gelabert, aber es ging irgendwie nicht zur Sache.«

»Weiß deine Frau, dass du dich mit anderen Frauen triffst?«

»Nee, sie würde sich sofort scheiden lassen, auf der Stelle!« Jetzt blinzelt er wieder eine Spur heftiger. »Aber mit meiner Frau läuft sexuell rein gar nichts mehr. Seit der Geburt unserer Tochter. Das war vor über sechs Jahren. Sie schläft sogar im Zimmer der Kleinen, ich penne ganz allein im Doppelbett im Schlafzimmer.« Er nimmt einen großen Schluck Wein. »Ich kenn das von vielen Kumpels. Kaum ist der Nachwuchs da, geht nichts mehr bei den Frauen. Aber sonst passt es gut zwischen mir und meiner Frau. Ich fühl mich wohl, bin ein Familienmensch, beim Fernsehen kuschelt sie sich an mich, das reicht ihr. Mir aber nicht.«

Seine Hand streichelt weiter meinen Oberschenkel. Ganz sacht, wieder und wieder. Das Zeitlupentempo macht mich ganz kribbelig. Ich spüre, wie unerwarteterweise meine Lust erwacht.

»Und, könntest du es dir mit mir vorstellen?«, will er dann wissen.

Ja. Nein. Ich weiß nicht, sage nichts, trinke einen Schluck Wein.

»Ich frage mich wirklich, was man als Mann machen soll«, beklagt er sich plötzlich. »Ich hab alles versucht, kann mir echt keinen Vorwurf machen. Sie ist es, die nicht will, also …«

Er zuckt die Schultern, sieht mich an, streichelt dabei weiter über meinen Oberschenkel. Er ist nett. Noch bevor wir uns getroffen haben, hatte er mir tagelang richtig süße »Guten Morgen«- und »Gute Nacht«-SMS geschickt.

Tja. »Erzähl doch noch was von dir!«, fordere ich ihn auf.

Macht er. Er berichtet von seinen Bergtouren und Abenteuerreisen in alle Welt. Wir unterhalten uns stundenlang, trinken Wein, es hat irgendwie gar nichts von einem Sex-Date, er kommt mir allmählich vor wie ein alter Kumpel, den man nach längerer Zeit mal wieder zum Plaudern trifft. Bis auf die Hand auf meinem Oberschenkel.

»Wie wär's, wenn wir mal zusammen eine Bergtour machen«, schlägt er vor. »Wir übernachten dann oben auf dem Gipfel, ganz romantisch.«

»Mal sehen.« Vielleicht. Vielleicht auch nicht. Ich bin immer noch unentschlossen.

Er zahlt, wir gehen, er begleitet mich zu meinem Auto. Außer uns ist niemand mehr auf dem Parkplatz.

»Und jetzt?«, fragt er.

Ich weiß es immer noch nicht. Ich mag ihn, weiß aber nicht, ob ich scharf auf ihn bin. »Wir können ja mal telefonieren und was ausmachen«, schlage ich vor.

»Ja«, sagt er und drückt mich plötzlich mit aller Gewalt gegen die Autotür, schiebt seine Zunge in meinen Mund, küsst mich mit einer überwältigenden Geilheit. Sein Körper ist hart wie Stahl, zumindest das, was ich unter der Jeans und dem Hemd ertaste. Ich habe noch nie einen solchen Körper gespürt. Sein Schwanz ist hart wie der Rest.

Er reißt an meiner Bluse, legt meine Brüste frei, saugt an den Nippeln. Genau richtig. Nicht zu soft, nicht zu fest. Eine Hand schiebt er zwischen meine Beine, zerreißt mit einem ungeduldigen Ruck meine Netzstrumpfhose, steckt zwei Finger in meine Muschi. Er stöhnt leicht, als er spürt, dass ich feucht bin. Knöpft seine Jeans auf, holt seinen Schwanz raus.

»Warte.« Ich versuche, ihn auf Abstand zu halten, aber das ist kaum möglich, er hat unglaublich viel Kraft. Ich bin jetzt doch irgendwie scharf auf ihn, seine Gier reißt mich mit. Ich will mit ihm ficken, aber nicht ohne Gummi.

Ich versuche, die Autotür hinter mir zu öffnen, schaffe es irgendwann den Griff zu ziehen, lasse mich rückwärts auf den Autositz fallen, taste mit der rechten Hand nach meiner Tasche und den Kondomen.

Er ist über mir, spreizt mit hartem Griff meine Beine, beugt sich nach vorne und steckt seine Zunge in meine Muschi. Sie ist so hart wie der Rest seines Körpers. Er leckt richtig gut. Ich stöhne, winde mich. Als ich kurz davor bin zu kommen, richtet er sich auf, nimmt seinen Schwanz in die Hand, reibt ihn noch zweimal und spritzt dann laut stöhnend in mein Gesicht. Alles, bis zum letzten Tropfen. Dann lässt er von mir ab, steckt seinen Schwanz wieder ein. Ich richte mich auf.

Mein rechtes Auge brennt. Es hat Sperma abbekommen. Brennt mehr als Billig-Mascara.

Während er mit seiner Hose beschäftigt ist, schließe ich die Autotür, gebe Gas. Er springt in sein Auto, fährt hinterher. Ganz dicht. Lässt sich nicht abwimmeln. Schickt eine SMS. *Du bist toll, bekomm ich noch einen Abschiedskuss?*

Ich antworte nicht. Er fährt immer dichter auf. Offenbar will er dranbleiben. Mist, ich weiß nicht, ob ich ihn wiedersehen will, aber ich weiß ganz gewiss, dass ich nicht will, dass er weiß, wo ich wohne. Er ruft mich an. Ich lasse es klingeln, gehe nicht ans Handy.

In der Stadt biege ich in eine Tankstelle ein, hoffe, dass er es nicht checkt und weiterfährt. Aber er merkt es, biegt ebenfalls ab, bleibt ganz dicht an mir dran. Ich halte. Er hält hinter mir.

Plötzlich kommt mir ein Polizeiwagen entgegen. Die Polizisten sehen mich kurz an, fahren weiter zu ihm. Ich sehe noch, wie sie ihn aussteigen und pusten lassen.

Liebe macht blind und hat mir vier Punkte in Flensburg und einen Monat Führerscheinentzug beschert, schreibt er mir am nächsten Tag. Wir haben uns nicht wiedergesehen.

DR. HERZLOS

Steve, Nickname: kribbelnimbauch

Profil: Mach mich heiß. Lass meine wildesten Träume Wirklichkeit werden. Lass uns die Höhen und Tiefen der Leidenschaft vollständig auskosten. Ich bin ausgehungert und suche eine erotische, leidenschaftliche, wilde Frau, die mit allen Sinnen genießen kann. Niveau und Bildung sollten passen, das Aussehen auch, ein gutes Maß an Allgemeinbildung sollte ebenfalls vorhanden sein. Willst du mein erotischer Traum sein? Melde dich, du wirst es nicht bereuen!

Steve ist Oberarzt, wohnt in einer Villa am Stadtrand, vor der ich jetzt stehe. Weiß getünchte Fassade, gepflegter, weitläufiger Garten. Englischer Rasen und Rosenbeete. Unser Mailverkehr war ziemlich nüchtern und zielgerichtet. Er hat mir eine Liste mit Tagen geschickt, an denen er Zeit hat, ich sollte mir einen Termin aussuchen. Ich habe den heutigen Nachmittag gewählt. Ich klingle.

»Hallo, hier ist Siena«, sage ich in die Sprechanlage. Das schmiedeeiserne Tor öffnet sich. Ich stöckele die lange Auffahrt entlang bis zur Haustür. Die geht sogleich auf, als ich davorstehe.

»Hi, ich bin Steve, komm doch rein.«

»Hi«, sage ich. Wow, denke ich. Groß, muskulös, braun gebrannt, dunkelhaarig. Er trägt eine schwarze Leinenhose und ein schwarzes Hemd, das so weit aufgeknöpft ist, dass es einen Blick auf seinen Oberkörper zulässt. Die Haut glänzt ein bisschen, so, als habe er sich gerade geduscht und eingecremt, und so riecht er auch: männlich, frisch, gut. Ein Traumtyp. Und noch dazu ein Halbgott in Weiß. Und so einer sucht Sex im Internet?

Er führt mich in sein Wohnzimmer. Superedel eingerichtet, hochwertige Antiquitäten, schneeweiße Couch. Mit Sicherheit kein einziges Stück aus einem Möbelcenter.

»Setz dich.« Er tut Eiswürfel in ein hochstieliges Glas, gibt Sekt dazu und reicht es mir. »Hast du schon viele Männer getroffen?«, will er wissen. Er hat eine tiefe, sehr angenehme Stimme.

»Nicht wirklich.« Ich will nicht über meine Erfahrungen sprechen, sondern über seine. »Und du?«

»Geht so«, antwortet er lächelnd und prostet mir zu. Er wirkt selbstsicher bis arrogant und sieht sehr gut aus. Eine Mischung, die mich anmacht.

Er lehnt sich zurück. »Du fragst dich bestimmt, warum ich über das Internet Sexpartner suche?«

»Ja.«

Er lächelt. »Weil ich nichts gefährden, aber auch nicht alles so lassen will.«

Aha. Versteh ich nicht so ganz, aber egal.

Er rückt näher zu mir, legt seine Hand auf meinen Oberschenkel, schiebt mein Kleid nach oben, berührt meine nackte Haut mit den Fingerspitzen. Ich bekomme Gänsehaut.

»Was ist mit deiner Frau?«

»Sie ist jung, schön, ich liebe sie«, sagt er und schiebt dabei mein Kleid noch höher. »Aber sie ist so unerfahren. Sie kann mir nicht geben, was ich brauche.«

Er beugt sich über mich und küsst mich. Hart. Fest. Fordernd. Heftig. Kurz. Dann greift er nach seinem Glas und lehnt sich wieder zurück. Die Eiswürfel klirren im Glas.

»Und wo ist deine Frau jetzt? Arbeitet sie?«, will ich wissen.

»Nein.«

»Ist sie beim Einkaufen?«

Wieder nur ein knappes Nein.

»Bei der Kosmetik vielleicht?«

»Nein.«

»Wo ist sie dann?«

Er sieht mich an. »Sie ist hier.«

Ich verschlucke mich beinahe an meinem Sekt. »Wie hier?«

»Hier. In unserem Schlafzimmer.«

Aha. Was soll das denn werden? »Schläft sie?«

»Nein, sie wartet auf uns.«

Ah. Alles klar. Der Herr Doktor plant einen flotten Dreier. Ist eigentlich nicht so mein Ding, aber mal sehen, wie sich das hier weiterentwickelt. Steve ist ein Traumtyp und sein Kuss schmeckt nach mehr. Er steht auf, stellt sich hinter mich, schiebt von hinten die Bluse über meine Brüste und umrundet die Nippel mit den Fingern. Es fühlt sich gut an. Ich lege den Kopf zurück, stöhne auf. Er beugt sich über mich, küsst mich heiß und gierig. Plötzlich hört er auf, nimmt meine Hand und zieht mich hoch. Ich folge ihm. Er bleibt stehen, küsst mich, fasst mir zielsicher zwischen die Beine, zieht meinen Slip runter. Ich schlüpfe raus.

Er zieht mich hinter sich her, bis zu einer Tür, die er öffnet. Er schiebt mich in ein Schlafzimmer mit einem sehr breiten Bett und schwarzer Satinbettwäsche. Ein Spiegel an der Decke. Ein wohl sehr antiker Kleiderschrank, daneben ein Holztisch mit einer Vase mit frischen dunkelroten Rosen. Eine Art Paravent, hinter dem man sich umziehen kann.

Ich sehe mich rasch um, aber sehe nichts, oder besser, niemanden. Er zieht sich aus. Unter seiner schwarzen Leinenhose hat er keinen Slip, nur einen mittelgroßen, halbsteifen Schwanz.

Er zieht mich bis auf die Stiefel aus. Nimmt meine Arme, streckt sie nach oben, drückt mich gegen die Wand. Er sieht mich an, macht nichts sonst. Ich spüre seinen Schwanz an meinen Oberschenkeln.

Ich will ihn anfassen, mich bewegen, kann mich aber aus seinem Griff nicht befreien. Fahre mit meinem Stiefel an seinem nackten Schenkel hoch bis zu seinem Schwanz. Er stöhnt auf, als das kühle Leder seinen Schwanz berührt. Er dreht mich um, wirft mich auf das Bett. Dann stellt er mich auf und fasst zwischen meine Beine. Ich bin feucht, will mit ihm ficken. Taste nach seinem Schwanz. Er hält meine Hand fest.

»Langsam«, flüstert er heiser. Und dann: »Komm her.« Aber das sagt er nicht zu mir.

Er klatscht mit der flachen Hand auf meinen Hintern. Ziemlich kräftig. Dann packt er mich am Arm. Sehr kräftig, so kräftig, dass es ein bisschen wehtut.

Er dreht mich um. Vor mir steht ein Mädchen Mitte zwanzig, mit kurzen dunklen Haaren. Sie hat ein dunkles, durchsichtiges Babydoll an, unter dem sich ihr schöner Körper abzeichnet. Sie steht reglos da, verzieht keine Miene.

Ich stehe nicht auf Frauen, aber diese junge Frau hatte einen so schönen Körper, dass ich nichts gegen einen Dreier gehabt hätte, wenn da nicht dieser merkwürdige Blick in ihren Augen gewesen wäre. Ganz offensichtlich verletzt sie, was sie hier sieht.

Steve packt mich wieder ziemlich grob an den Armen und legt mich auf den Rücken. »Schau gut zu, Alisa, damit du was lernst«, stößt er dabei stöhnend hervor. »Zeig ihr, wie's geht, los«, sagt er zu mir.

Ähm. Wie was geht?

Er setzt sich auf mich, steckt mir seinen inzwischen harten Schwanz in den Mund. »Mach's mir!«, feuert er mich heiser an. »Schau gut zu, Alisa! Komm her! Ganz nah!«

Alisa macht einen Schritt auf uns zu.

Ich drehe den Kopf, so gut es geht mit seinem Schwanz in meinem Mund und blicke zu Alisa. Sie steht da, ziemlich steif, hat die Arme um ihren Körper geschlungen. Diese Frau hat gar keine Lust auf einen Dreier. Und ich auch nicht mehr. Ich schiebe seinen Schwanz aus meinem Mund.

»Ey!« Er wird ungehalten, will ihn wieder reinstecken. Er wirkt wütend, sein Gesicht ist verzerrt. Plötzlich finde ich ihn überhaupt nicht mehr anziehend, ganz im Gegenteil. Die ganze Situation ist nur noch widerlich und abstoßend. Ich mag nicht mehr. Entwinde mich seinem Griff.

Er fasst mich bei der Schulter, will mich wieder aufs Bett drücken. Aber ich bin schneller und rolle mich zur Seite »Was soll das?« Er funkelt mich an.

Ich schnappe mir mein Kleid. »Ich gehe.« Seine Frau steht immer noch da wie festgewachsen, mit starrem Gesichtsausdruck, wie eine Puppe.

Er erhebt sich auch. Sein Schwanz steht auf halbmast, er fährt sich durch die Haare. »Warte, bleib hier.«

Ich sehe ihn an. Er kommt mir plötzlich nur noch jämmerlich vor und seine Frau tut mir leid.

Er packt mich wieder am Arm. »Ich bezahl dich. Wie viel willst du?«

Irgendwie verwechselt Dr. Steve gerade etwas. »Falsche Baustelle. Ich bin nicht käuflich.«

Mir reichts. Ich gehe und hoffe, dass ich niemals auf seinem OP-Tisch landen werde.

DANN LIEBER DEN KELLNER

Jochen, Nickname: Jojo5000

Profil: Ich bin zwar gebunden, kann aber meine Fanta-sien und den Beziehungsalltag einfach nicht unter einen Hut bringen. Mein Profil habe ich bewusst mit sehr vie-len Informationen ausgestattet, sodass du herausfinden kannst, ob es passt. Schließlich wollen wir beide ja das Gleiche, sonst hätten wir uns nicht hier angemeldet. Ich will noch erwähnen, dass ich studiert habe und deinen Ansprüchen somit in körperlicher wie auch in geistiger Hinsicht genügen kann. Außerdem bin ich selbstbewusst und denke positiv. Positive Lebenslust ist die richtige Grundlage für leidenschaftlichen Spaß. Hier scheint es genug neurotische Frauen wie Männer zu geben, doch wer nicht wagt … Wenn du wie ich Lust auf anregende erotische Momente zu zweit hast, melde dich.

Wir haben uns in einer kleinen, ziemlich edlen Cantina in der Innenstadt verabredet. Die dunklen Holztische sind mit gestärk-ten weißen Stoffservietten und Kristallgläsern gedeckt. Ich bin pünktlich. Kein Jochen weit und breit. Ich habe sein Profilfoto gesehen, würde ihn erkennen.

Dort posiert er lässig in schwarzer Lederkluft auf einem Motorrad. Dunkelbraune Haare bis zu den Ohren, leichter Drei-tagebart, braun gebrannt, nicht unflott.

Der Kellner kommt auf mich zu. »Guten Abend. Ihre Beglei-tung ist gerade auf der Toilette.« Aha. Der Kellner sieht gut aus. Sehr gut. Typ glutäugiger Südländer. Schade, dass nicht *er* mein

Date ist. Ich setze mich an den gedeckten Tisch und harre der Dinge, die da kommen.

Es dauert ziemlich lange, doch dann erscheint Jochen aus den hinteren Räumen der Cantina. Sehr groß, sehr hager, leicht abstehende Ohren, helllila Hemd unter dunkelblauem Strickpullover. Und so was von gar nicht mein Typ, dass ich am liebsten auf der Stelle wieder gehen würde.

Er lächelt mich an. »Hallo Siena.«

Er setzt sich zu mir, ich erzähle ausführlich von der anstrengenden Parkplatzsuche, weil ich nicht so recht weiß, worüber ich mit ihm sprechen soll. Der glutäugige Kellner zündet die Kerze auf unserem Tisch an und reicht die Speisekarten. Mit einem freundlichen Kopfschütteln gebe ich die Karte gleich wieder zurück und bestelle nur ein Glas Wein. Ich will das Date nicht unnötig in die Länge ziehen.

Jochen studiert die Karte und ordert Bandnudeln mit scharfer Tomatensauce. Er erzählt, dass er als Vertriebsleiter in einer großen Textilfirma arbeitet.

»Und wie lange suchst du schon Dates übers Internet?«, will ich wissen.

»Ich bin jetzt seit zwei Jahren bei diesem Portal angemeldet, zwischendurch habe ich es mal kurz ruhen lassen, aber jetzt suche ich wieder aktiv nach Kontakten«, erzählt er so laut, dass jetzt die ganze kleine Cantina mitbekommen hat, dass wir uns über ein Seitensprungportal im Internet verabredet haben. Auch der Kellner, der gerade den Wein serviert.

»Und was sagt deine Freundin dazu?«, frage ich.

»Ich bin seit drei Wochen getrennt.«

»Wegen deiner Internet-Dates?«

»Nein, sie ist ja selbst dabei. Stell dir vor, von den vielen Frauen, die laut Computerberechnungen zu mir gepasst hätten, stand meine Ex an zweiter Stelle.«

Er angelt nach einer langen dünnen Grissini-Stange. »Das war auch unser Problem in der Partnerschaft, wir waren uns einfach viel zu ähnlich.«

Aha. Ich trinke noch einen Schluck Wein. Bemerke den Blick des Kellners, der immer wieder zu mir rüberwandert. Er hat schöne dunkelbraune Augen. Jochens Augen sind hellgrün, erinnern mich ein bisschen an die eines Fisches.

»Außerdem war meine Freundin auch nie mein Beuteschema«, plaudert er munter weiter. »Sie ist groß und dominant, ich steh mehr auf kleine, anschmiegsame Frauen mit Körbchengröße C, wenn du weißt, was ich meine.«

Weiß ich nicht, will ich auch nicht wirklich wissen. Körbchengröße C kann ich ohnehin nicht bieten.

»Du hast deine Exfreundin also auch über das Internet kennengelernt?«

Jochen krempelt seine Ärmel hoch. Er hat dünne, knochige, dicht behaarte Arme. »Nein, wir waren beide zufällig zeitgleich angemeldet. Kennengelernt haben wir uns bei einem Freund, beim Tanzen.«

Er beugt sich nach vorn zu mir, sieht mich aus seinen hellgrünen Fischaugen an. »Wir haben den gleichen Rhythmus.«

Aha. Was auch immer das heißen mag. Pause.

Ich weiß nicht, worüber ich mit diesem Mann noch reden soll. Das mit dem Sex wird garantiert nichts und auch sonst ist es schade um den Abend. Ich nippe wieder an dem Wein.

»In meiner Freizeit treibe ich Sport, gehe ins Kino, lese gern, aber leider viel zu selten, treffe mich mit Freunden, ach ja, und natürlich mag ich Sex«, erzählt er schließlich.

Keine Ahnung warum, aber beim letzten Satz hebt er wieder seine Stimme, sodass auch der Gast in der hintersten Ecke des Lokals informiert ist. Der Kellner guckt auch schon wieder und schmunzelt. Jochen tunkt seine Grissini-Stange in eine kleine

Schale mit grünlichem Olivenöl. »Ich liebe Olivenöl, ich bin ein Genießer«, erklärt er dabei.

Es ist merkwürdig, manche Männer haben die erotische Ausstrahlung einer Untertasse. Man kann nicht einmal genau festmachen, woran es liegt. Jochen gehört dazu. Er ist nicht hässlich, hat ein nettes Lachen, aber allein der Gedanke, ihn zu berühren, verursacht bei mir Gänsehaut.

Er dagegen hält sich offenbar für unwiderstehlich. »Ich bin intelligent, beruflich erfolgreich, ich kann mich auch nackt im Spiegel ansehen und bin ziemlich gut im Bett«, erzählt er gerade, während der Kellner die Bandnudeln serviert.

»Und wie du siehst, habe ich ein gesundes Selbstvertrauen«, fügt er noch hinzu, bevor er sich hungrig über die dampfenden Nudeln hermacht. »Ist auch wichtig. Kürzlich habe ich ein Buch gelesen, in dem stand, man sollte als Erstes sich selbst lieben, dann wäre es so gut wie egal, mit wem man zusammen ist.«

Er wickelt die Nudeln so schwungvoll um die Gabel, dass ein Tomatenstückchen nach oben spritzt und von ihm unbemerkt an seinem rechten Nasenflügel hängen bleibt.

»Nächsten Freitag habe ich mich zu einem Dating-Essen verabredet«, erzählt er weiter. Ich kann nur noch auf das Tomatenstück auf seiner Nase schauen. »Sechs Frauen und sechs Männer, die sich nicht kennen, verabreden sich zum Essen.«

»Geht es da auch um Sex?«, will ich wissen. Er zuckt die Schultern. »Eher um Partnersuche.«

»Ich dachte, du suchst Sex?«

»Als ich mich bei dem Sex-Portal angemeldet habe, wollte ich nur Sex, weil ich ja noch eine Partnerin hatte. Jetzt habe ich keine Freundin mehr, daher suche ich eine Partnerin«, klärt er mich auf.

Aha. Das Tomatenstück klebt immer noch an seiner Nase. »Das heißt, dass du jetzt keinen Sex mehr suchst?«

»Doch schon, natürlich suche ich Sex, aber auch eine Partnerin.«

Wieder erhebt er beim Wort »Sex« seine Stimme. Ob das die vorfreudige Erregung ist? Eine Art Vorspiel?

Die beiden Herren am Nebentisch mustern uns neugierig. Ich nippe an meinem Wein, der Kellner will nachschenken, ich wehre ab. Wir wollen das hier nicht noch in die Länge ziehen. Zum Glück ist Jochen ziemlich hungrig und isst schnell. Aber satt ist er nach den Bandnudeln noch nicht. Diesmal tunkt er Weißbrot ins Olivenöl. Das Tomatenstück an der Nase ist verschwunden. Nur noch ein kleiner rötlicher Fleck ist geblieben.

»Hast du dich schon mit vielen Frauen getroffen?«

Der Brotkorb ist geleert, jetzt ist wieder eine Grissini-Stange dran. »Getroffen erst mit einer Frau, mit einigen anderen hatte ich längeren Mailkontakt, aber zu einem Date ist es nicht gekommen.«

»Und wie lief es mit der Frau, die du getroffen hast?«

»Heidrun ist klasse. Total verrückt und lustig. Wir telefonieren immer noch häufig.«

»Und der Sex?«

Das Olivenöl-Schälchen ist endlich leer. Er schiebt es zur Seite. »Sex hatten wir nicht.«

Ich verstehe dich so gut, Heidrun! Jetzt ist der Zeitpunkt gekommen, wo ich auch trotz längerem Nachdenken überhaupt nicht mehr weiß, was ich noch fragen oder sagen soll. Wir schweigen uns einen Moment lang an, dann stehe ich auf und gehe zur Toilette. Halte mich extra lange auf, in der Hoffnung, dass er vielleicht schon nach der Rechnung verlangt.

Als ich aus der Toilettentür komme, wäre ich beinahe in die Arme des glutäugigen Kellners gefallen. »Sorry«, sage ich. Er grinst mich nur an und mir wird klar, dass er nicht zufällig dort stand, sondern auf mich gewartet hatte.

Er drückt mir einen Zettel in die Hand. »Meine Telefonnummer. Ruf mich an, wenn du mal Lust auf einen richtigen Mann hast.« Dann verschwindet er in die Küche.

Jochen hebt den Blick, als ich wieder zurückkomme. »Lust auf einen Nachtisch?«, fragt er und sieht mich dabei vielsagend an. Nein. Oh nein. Ganz bestimmt nicht.

»Du, ich muss langsam los, ich hab noch einen weiten Weg.«

Jochen winkt dem Kellner und zahlt. Beim Rausgehen zwinkert der mir zu und wünscht einen schönen Abend.

»Tschüss dann«, will ich mich vor der Tür verabschieden.

»Ich bring dich noch zum Auto«, sagt Jochen.

Es regnet. Er hat einen Schirm, hakt sich entschlossen bei mir unter und versucht dabei, nach meiner Hand zu greifen. Ich will diesen Typen nur noch loswerden. Doch mein Auto steht sehr weit weg. Zehn Minuten, die sich anfühlen wie zehn Stunden, marschieren wir schweigend nebeneinander her.

Am Auto angekommen, macht er doch glatt noch einen Versuch, mich zu küssen. Nein danke. Ich befreie mich aus seiner Umarmung und flüchte in mein Auto. Dies war eines der unerotischsten Dates, die ich je hatte. Na ja, bis auf den Kellner.

BREITMAULFRÖSCHE
KÜSST MAN NICHT

Roland, Nickname: Draufgänger_2010

Profil: Ich bin seit über 15 Jahre in einer Beziehung und mittlerweile herrschen nur noch Routine und Langeweile. Daher suche ich jemanden, der leidenschaftlich ist und sich entspannen und gehen lassen kann. Schließlich wollen wir ja beide das ganz Bestimmte, sonst hätten wir uns nicht angemeldet. Ich bin sportlich, naturverbunden und suche das Abenteuer. Auf erotischem Gebiet kann ich dir einiges bieten, aber ich kann auch in intellektueller Hinsicht punkten. Ich bin schon gespannt auf dich und freue mich auf eine heiße Begegnung. Also, wenn du dich angesprochen fühlst, melde dich bei mir.

Treffpunkt Stadtpark an der alten Eiche neben dem Eingang. Roland will mit mir erst mal spazieren gehen. Zum Beschnuppern. Da er sich überhaupt nicht vorstellen kann, *gleich Sex mit einer Frau zu haben, die er erst vor einer Minute kennengelernt hat,* wie er in seiner Mail schrieb.

Neben dem Parkeingang stehen viele alte Eichen, aber vor keiner davon wartet ein gutaussehender Draufgänger. Gutaussehend beschrieb er sich selbst: *Ich will nicht prahlen, aber zumindest sagen alle meine Kolleginnen, dass ich sehr attraktiv bin.* Ein Foto hat er nicht in sein Profil gestellt. Na gut.

Ein Mann kommt auf mich zu. Kurze blonde Haare, Sonnenbrille, Jeans, T-Shirt mit Aufdruck »Hard Rock Cafe«, Rucksack,

Wanderschuhe. So erotisch wie eine Sumpfdotterblume. Nein, oder?

Doch, er ist es! »Ich nehme an, du bist Siena, ich bin Roland, meine Freunde nennen mich Rolli.«

»Hallo.« Und tschüss. Das wird nichts mit Rolli und mir.

Etwas umständlich nestelt er eine kurzstielige rote Nelke aus seinem Rucksack und reicht sie mir. »Hier, für dich.«

»Wie nett.« Ich hasse Nelken. Sie stinken und erinnern mich an Friedhöfe.

»Gehen wir ein Stück?« Rolli setzt sich in Bewegung.

Ich überlege kurz, folge ihm dann. Erotisches Gebiet werden wir definitiv nicht betreten, aber da ich einen Tag im Büro hinter mir habe, tut ein kleiner Spaziergang an der frischen Luft auf jeden Fall gut. Wir laufen nebeneinander her. Geben sicher ein merkwürdiges Paar ab, er in seinen Wanderschuhen, ich in meinen blutroten High Heels.

»Hast du schon viele Frauen übers Internet getroffen?«, will ich wissen.

»Das ist doch alles nur Schwindel«, wettert er sogleich empört los und plustert sich auf. »Lauter Mogelpackungen! Ich bitte dich, es gibt doch heutzutage niemanden mehr, der nicht auf die eine oder andere Weise ein digitales Foto von sich zeigen kann. Aber so viele plötzliche ›technische Probleme‹ wie auf dem Portal habe ich noch nie erlebt ...«

So ganz kann ich ihm gerade nicht folgen. »Wie meinst du das?«

»Na, ich schreibe die Frauen an, wir verstehen uns schriftlich sehr gut, ich gebe ihnen mein Bild frei, wünsche mir das Gleiche von ihnen und schwupps ... das technische Problem ist da ... und ich höre nie wieder was von diesen Damen!«

Vielleicht liegts ja an ihm ...

Ich mustere Rolli von der Seite. Vor lauter Aufregung hat er schon einen hochroten Kopf. Er hat ungewöhnlich breite

Lippen, erinnert mich ein bisschen an einen Breitmaulfrosch. Attraktiv sieht anders aus. Ganz anders. Wenn er mir vorher ein Bild geschickt hätte, wären wir beide jetzt sicherlich auch nicht im Stadtpark.

Rolli kommt richtig in Fahrt, gestikuliert wild, während er spricht. »Sehr lustig auch: die Frauen mit diesen offenherzigen Model-Fotos, die aber gar nichts schreiben oder deren Profil vor Fehlern nur so strotzt. Ich kann mir vorstellen, dass irgendwelche Kerle hinter diesen Profilen stecken. Frage mich, welche Typen sich an so was aufgeilen. Wahrscheinlich sind sie schwul und wollen Fotos von gutaussehenden Männern ergattern.«

Rolli verwechselt anscheinend gerade was, ich bin nicht von der Kundenbetreuung!

»Ich verstehe die Frauen nicht. Was sind das für Frauen, die bei einer ganz normalen Nachricht, und ich versende sicher keine Drei-Wort-Nachrichten, einfach die Ignore-Taste betätigen? Ein respektvolles Dankeschön, ich habe kein Interesse, würde es ja auch tun, oder?«

Er lacht bitter auf. »Aber weißt du, was ich denke, vermutlich haben diese Frauen eine eklatante Leseschwäche, fehlende Rechtschreibkenntnisse oder Angst, Fehler in einer Nachricht zu machen, was mir als Studierten natürlich auffallen würde.«

Abrupt bleibt er stehen und tastet nach meiner Hand. Ich bin schneller, verschränke sie rasch und entschlossen vor meiner Brust.

»Umso schöner, dass es mit dir endlich geklappt hat«, freut er sich. Er nimmt die Sonnenbrille ab und sieht mich aus wasserblauen Augen an. Er deutet auf eine Holzbank am Wegesrand. »Setzen wir uns doch.«

Hm. Wie lange muss ich noch warten, bis ich mich einigermaßen höflich verabschieden kann?, überlege ich unterdessen.

»Aber nun ist für mich die frustrierende Suche endlich zu Ende«, findet er, während er den Rucksack abnimmt und vor sich auf den Boden stellt. »Jetzt bist du da. Bei uns beiden stimmt die Chemie, das hab ich vom ersten Moment an gespürt. Das wird was.«

Puh. Das sehe ich ein kleines bisschen anders, Rolli.

»Mit dir kann ich mir alles vorstellen. Einfach alles.«

Auch das sehe ich nicht ganz so.

Rolli schnürt seinen schon etwas abgewetzten Rucksack auf, holt zwei halbhohe Plastikflaschen raus. »Ich hab dir ein leckeres Mineral-Erfrischungsgetränk Typ Orange mit zugesetzten Vitaminen mitgebracht.« Er zwinkert mir verschwörerisch zu. »Damit wir uns ein bisschen stärken können, bevor es zur Sache geht.«

Auch hier habe ich eine geringfügig andere Sicht der Dinge.

»Für hinterher habe ich uns auch noch ein paar belegte Brote zubereitet. Mit Margarine, Scheibletten-Käse und Kochsalami«, frohlockt er. »Damit wir wieder zu Kräften kommen, bevor wir dann noch einmal loslegen.«

Oho, jetzt kommt der Draufgänger zum Vorschein …

Er rückt enger an mich heran, seine gespitzten Breitmaulfroschlippen kommen immer näher.

»Was sagt eigentlich deine Frau dazu?«, will ich ihn ablenken, bevor er auf die Idee kommt, mich zu küssen.

»Wozu?«

»Zu deinen Internet-Aktivitäten?«

»Ach die«, er macht eine abfällige Handbewegung. »Die kümmert sich nur noch um sich selbst. Geht von einem Selbstfindungskurs zum nächsten. Wir leben nur noch aneinander vorbei.« Er dreht den Kopf, sodass er mir in die Augen blicken kann, beziehungsweise auf die Gläser meiner schwarzen Sonnenbrille, die ich inzwischen aufgesetzt habe.

»Eigentlich ist meine Ehe zu Ende, eigentlich bin ich frei und offen für einen ganz neuen Anfang. Das mit uns beiden, Siena, ist nicht nur eine einmalige Sache, das könnte durchaus etwas Langfristiges werden.« Er nickt vor sich hin. »Und ich bin ein Macher. Einer, der Nägel mit Köpfen macht. Für immer. Ganz oder gar nicht.«

Ups.

Vertrauensvoll rückt er auf der Bank noch ein Stückchen näher an mich heran. Unsere Schultern berühren sich. Und jetzt? Aufstehen und gehen? Das würde ihn sicher verletzen und das will ich eigentlich nicht. Er ist ja ein netter Kerl und er hat mir gerade so etwas wie einen Heiratsantrag gemacht. Also sitzen bleiben und reden.

»Du, Rolli, bei mir ist das so, dass ich nichts Festes suche«, beginne ich vorsichtig. »Und das dachte ich auch von dir. Wir haben uns ja beide in einem Seitensprungportal angemeldet.« Und nicht in einem Heiratsanbahnungsinstitut. »Und außerdem solltest du deine Ehe nach so vielen Jahren nicht einfach aufgeben. Vielleicht kannst du deine Frau ja mal zu einem ihrer Kurse begleiten, gemeinsame Unternehmungen verbinden.«

»Und zu welchem der vielen Kurse?«, fragt er bitter. »Makramee oder Töpfern?«

Na ja. Dann eben nicht. Ich bin schließlich auch nicht von der Partnerschaftsberatung! Rolli hat seine Plastikflasche leer getrunken und packt sie zurück in seinen Rucksack.

»Oder führ deine Frau mal wieder nett zum Essen aus«, füge ich ratlos hinzu.

»Lass stecken.« Rolli strafft die Schultern und schnürt energisch seinen Rucksack zu. »Ich hab schon verstanden, du bist auch nicht anders als die anderen.« Er steht auf, wirft sich seinen Rucksack über die Schultern. »Ich wünsch dir viel Glück, Siena«, sagt er noch, dann zieht er mit gesenktem Blick von dannen.

Ich bleibe auf der Bank zurück und fühle mich irgendwie mies. Für die meisten Männer, die sich auf diesen Portalen anmelden, ist es ein Spiel, ein Abenteuer, ein Austesten ohne Gefühle und allzu große Erwartungen. Es gibt aber auch Ausnahmen …

Als ich an diesem Abend nach Hause komme, erwartet mich eine Überraschung vor meiner Tür. Ein Strauß langstieliger roter Rosen, eine Plastikbox mit herzförmigen Gummisüßigkeiten, ein überdimensionaler Berliner, in den die Figuren von »Liebe ist …« gesteckt sind, und ein blutroter Briefumschlag. Eine Nachricht von meinem Exfreund.

Er schreibt, dass er mich liebt, dass er mich zurückhaben will und dass wir doch noch einmal von vorne beginnen sollten. Ich gieße mir ein Glas Rotwein ein und hole mir eine Handvoll Gummiherzen aus der Box. Gibt es einen Weg zurück?, überlege ich, während sich in meinem Mund der Kirschgeschmack der Gummiteile mit dem Geschmack des Rotweins vermischt. Ihn habe ich geliebt, ihm bin ich treu gewesen, das mit den anderen Männern war nur Sex. Aber kann ich so tun, als sei nichts geschehen und mit ihm so weitermachen wie vorher? Ich habe noch Gefühle für ihn, aber ist das genug? Nachdem ich eine Flasche Rotwein leer getrunken und die Hälfte der Süßigkeiten verzehrt habe, kann ich die Frage beantworten.

Nein. Es gibt keinen Weg zurück zu ihm. Es ist zu spät, ich bin zu weit gegangen. Viel zu weit. Ich leere mein Glas und öffne das nächste Profil.

FEIERABEND-IDYLLE

Janis, Nickname: Jupiter_11

Profil: Für die erotischen Momente im Leben suche ich eine schlanke, hübsche, natürliche Nichtraucherin. Eine faszinierende Frau mit Bildung und Selbstbewusstsein, die genauso Wert auf Gepflegtheit legt wie ich, würde meine Idealvorstellung sein, aber schlussendlich entscheidet erst ein Treffen und später das Leben, wer zueinander passt. Gegenseitiges Verwöhnen, geiler Sex und eine schöne Zeit sollten im Vordergrund stehen. Eine Affäre, wie ich sie mir vorstelle, muss nicht auf das Eine beschränkt sein. Wichtig ist mir, dass Bestehendes nicht gefährdet werden sollte. Diskretion, Abenteuerlust und Gesundheit sollten selbstverständlich sein. Eine Frau, die entspannt ist und gerne lacht, wird sich mit mir wohlfühlen. Von einem flüchtigen Moment bis zu einer längerfristigen Affäre kann ich mir alles vorstellen.

Wir treffen uns beim Vietnamesen. Schummriges Licht, Kantinencharme, es riecht ein bisschen streng.

Er ist schon da. Er muss es sein, der einzige Mann ohne Begleitung. Er sitzt in einer Ecke, sein Blick ist auf den Eingang gerichtet. Jetzt sieht er mich. Taxiert mich, seine Augen wandern über jede Kurve meines Körpers.

»Siena?« Er lächelt mich an.

»Hallo Janis.«

»Hallo Siena.«

Janis sieht gut aus. Sehr gut sogar. Noch besser sogar als auf dem Foto in seinem Profil. Er trägt einen dunkelblauen Anzug, hat ein schönes, markantes Gesicht, kurze dunkelblonde Haare. Seine Augen haben dieses ungewöhnlich helle Huskyblau, das fasziniert, aber immer ein wenig kühl wirkt.

»Wartest du schon lange?«, erkundige ich mich, obwohl ich auf die Minute pünktlich bin. Immer die gleiche Frage: Wie beginnt man ein Gespräch mit einem Mann, den man noch nie zuvor gesehen hat, und mit dem man über ein Internetportal zum Sex verabredet ist?

»Passt schon.« Er lächelt, um seine Augen bilden sich kleine Falten, auf seinen Wangen formen sich Grübchen, er sieht noch besser aus. Am Nebentisch sitzen zwei Frauen, eine schielt höchst interessiert zu ihm rüber. Warum um Himmels willen sucht ein so gutaussehender Mann Frauen im Internet?

Ich setze mich, ziehe meine Jacke aus. Sein Blick fällt auf meinen Ausschnitt. »Ich bin verheiratet und will es auch bleiben«, beginnt er gleich. Bevor ich nachfragen kann, kommt die freundliche Vietnamesin und nimmt die Bestellung auf.

»Ich führe eine völlig asexuelle Ehe«, erzählt er munter, nachdem er Bio-Huhn mit gemischtem Gemüse leicht pikant und einer Extraportion Reis bestellt hat. »Meine Frau mag keinen Sex.«

»Ah.«

»Sie hatte in frühster Jugend ein traumatisches sexuelles Erlebnis«, fügt er hinzu. Dabei wandert seine Hand über den Tisch, greift nach meiner, streichelt sie. Seine Finger sind lang, schmal und sorgfältig manikürt. »Du fühlst dich gut an«, haucht er dabei und lächelt.

»Weiß deine Frau, dass du …?«

Er nickt. »Sie weiß, dass ich über das Internet Sexbekanntschaften suche. Es hat lange gedauert, bis sie es akzeptiert hat.«

»Und es macht ihr gar nichts aus?«

»Sie will nichts darüber wissen. Aber sie weiß, dass ich sie niemals verlassen würde, das reicht ihr.«

»Wie lange machst du das schon?«, frage ich.

»Ein paar Jahre. Immer verschiedene Portale.« Er sieht mich aus seinen blauen Augen an, scheint einen Moment zu überlegen. »Du bist Nummer 34 ... nein, entschuldige, Nummer 32, aber tendenziell bin ich in meinen Nebenbeziehungen eher monogam veranlagt.«

Das Bio-Huhn kommt.

Ich erfahre, dass Janis Ingenieur ist und im oberen Management arbeitet. Er erzählt von seinen Auslandsaufenthalten, davon, dass er in einem kleinen Ort lebt, aber auswärts arbeitet. Wir trinken Rotwein, flirten. Es fühlt sich gut an, ich mag seine Nähe, ich mag ihn.

»Was du noch wissen solltest: Ich kann nicht mit Gummi ficken«, sagt er dann ganz plötzlich, als die Vietnamesin die Teller weggeräumt hat. So selbstverständlich, als würde er erzählen, dass er keinen Gurkensalat verträgt. »Mein Penis ist zu groß, es gibt kein Kondom, das mir passt«, erzählt er ebenso selbstverständlich weiter.

»Oh.«

»Aber keine Sorge.« Er streichelt wieder sachte meine Hand. »Zu unserem nächsten Treffen bringe ich dir einen frischen Aidstest mit, den mache ich alle drei Monate. Sterilisiert bin ich auch, kann also gar nichts passieren.«

»Ah.«

Er streichelt weiter meine Hand. Sieht mir tief in die Augen. Ich spüre den Wein, bekomme leichte Gänsehaut. Will ihn berühren, will seinen überdimensionalen Schwanz sehen. »Erzähl mir von deiner letzten Affäre.«

Er lächelt. Mit kühlen Huskyaugen. »Sie war Studentin, jung, schön, klug, hatte einen herrlichen Körper.« Er trinkt einen Schluck Wein.

»Und warum habt ihr euch getrennt?«

»Sie war zu still beim Sex. Hat sich kaum bewegt, lag unter mir wie tot. So was langweilt mich, das macht mich nicht an.«

Wir zahlen. Ich bin wie benebelt. Er hat einen merkwürdigen Charme. Ist heiß und kalt zugleich.

Draußen zieht er mich in eine dunkle Ecke, küsst mich. Er küsst gut. Seine Hände gleiten über meinen Hintern, er drückt mich an sich. Ich spüre seinen harten Schwanz.

Meine Hände fahren neugierig die Umrisse in seiner Hose nach. Es fühlt sich zwar nicht so an, als würde er sämtliche Dimensionen sprengen, doch ich ertaste einen festen, breiten Schwanz, geil und hart. Ich will ihn richtig spüren, werde feucht, bin scharf auf ihn. Stell mir vor, wie er ihn in mich hineinstößt.

Ganz plötzlich, beinahe ruckartig, lässt er mich los, weicht einen Schritt zurück. »Leider muss ich jetzt meinen Zug erreichen. In den kommenden Tagen habe ich Urlaub und meiner Frau versprochen, dass ich das Dach unseres Hauses decken werde, aber nächste Woche Dienstag kann ich die ganze Nacht bleiben. Können wir zu dir gehen oder kennst du ein Hotel? Ich würde das Southwest-Hotel empfehlen. Das Einchecken geht anonym und über den Betten gibt es Eisenstangen, die allerhand aushalten. Eignen sich prima für Sexspielchen.«

Eigentlich nehme ich nur in den seltensten Fällen Männer mit zu mir nach Hause. Nur die, bei denen ich mir mehr vorstellen kann. Bei Janis kann ich es. Wir verabreden uns bei mir.

Ich freue mich auf ihn. Mit leichtem Kribbeln und ein paar Schmetterlingen im Bauch. Bin gespannt darauf, wie es sein wird, Sex mit ihm zu haben. Am folgenden Dienstag steht er vor meiner Tür. In einer Hand einen frischen Aidstest, in der anderen eine Flasche Rotwein. Dreitagebart, dunkler Anzug, er sieht noch besser aus, als ich ihn in Erinnerung hatte. Er entkorkt die Flasche, während ich den Aidstest und seinen Personalausweis vergleiche. Die Daten stimmen überein.

Wir trinken zwei Gläser Rotwein, unterhalten uns ein bisschen. Dann will ich nicht mehr reden. Er beugt sich zu mir, küsst mich. Intensiv, heiß, fordernd. Ich öffne seinen Gürtel, ziehe seinen Slip runter, hole seinen Schwanz raus. Er ist groß, dick, steif, gerade gewachsen, aber so groß, dass er jedes Kondom sprengen würde? Egal.

Mit einer schnellen Bewegung zieht er mich auf seinen Schoß, schiebt meinen Slip zur Seite, setzt mich auf seinen Schwanz. Ich genieße das Gefühl.

Ich reite auf ihm, bis er kommt. Er stöhnt dabei so laut und so lange, dass ich ein bisschen Bedenken wegen meiner Nachbarn habe. Ich mag es nicht, wenn man bei Männern akustisch kaum mitbekommt, dass sie gerade einen Orgasmus haben, aber so lautstark …

Irritiert von seinem extrem lauten Stöhnen wird es nichts mit meinem Orgasmus. Ich lasse mich zurückfallen. Er küsst mich, greift nach seinem Glas und trinkt einen großen Schluck. Dann geht er vor mir auf die Knie, spreizt meine Beine und leckt mich, bis auch ich komme. Anschließend hebt er mich hoch, trägt mich ins Bett.

Wir ficken noch eine Runde, dann wäre eigentlich der Moment gekommen, in dem er gehen sollte. Aber da Janis ziemlich weit weg wohnt, bleibt er, wie versprochen, die ganze Nacht.

Es ist eine Sache, mit einem fremden Mann zu ficken, eine ganz andere, mit ihm einzuschlafen. Er will mich umarmen und sich an mich kuscheln, ich will das nicht. Ich murmele etwas davon, dass ich im Schlaf meine Bewegungsfreiheit brauche, und verkrümele mich an den äußersten Rand des Bettes.

Ich kann nicht schlafen, wälze mich die ganze Nacht hin und her. Zum Glück muss er schon um fünf Uhr früh aufstehen, um seinen Zug noch zu erreichen. Er schleicht sich aus der Wohnung und lässt mich schlafen.

Am Vormittag schickt er mir eine total liebe Mail. *Liebe Siena, die Nacht mit dir war wunderschön, ich bin guter Dinge, dass ihr noch viele weitere folgen werden. Noch bin ich beim Sex etwas kopflastig, aber das wird mit jedem Mal besser, wirst sehen. Ich kann es mir so einrichten, dass ich jeden Dienstag bei dir sei kann. Laut Fahrplan wäre ich dann immer um 19.32 Uhr bei dir. Wenn ich am nächsten Morgen den Zug um 5.12 Uhr nehme, komme ich wunderbar pünktlich zur Arbeit. Freue mich auf das nächste Mal, also nächsten Dienstag. Heiße Küsse, Janis.*

Nächsten Dienstag steht er Punkt 19.32 Uhr vor meiner Wohnungstür. Mit einem prall gefüllten Rucksack. Ups, hoffentlich will der nicht bei mir einziehen! Er legt Jacke und Rucksack ab und umarmt mich innig.

»Holst du Gläser, zwei Gabeln und Teller?« Er öffnet seinen Rucksack, zieht eine Flasche Wein und ein in Alufolie eingewickeltes Gefäß heraus. Stellt es auf den Tisch. »Ein paar Antipasti, vom Italiener am Bahnhof.« Er greift wieder in den Rucksack und holt diesmal einen grauen Frotteebademantelgürtel heraus. »Für später«, erklärt er voller Vorfreude.

»Wie?«

»Damit werde ich deine Hände ans Bett fesseln und dich verwöhnen«, kündigt er an.

»Ah.« Ich entkorke erst mal den Wein.

Er greift wieder in seinen Rucksack und zieht einen orangefarbenen Spanngurt heraus. »Und der ist für deine Füße, meinen zweiten Bademantel hat meine Frau gerade in der Wäsche. Die Sachen kann ich alle hier bei dir lassen.«

Er schleudert die Utensilien auf das Bett und packt raschelnd erst mal die Antipasti aus. Wir sitzen uns gegenüber wie ein altes Ehepaar, er erzählt von seiner Arbeit, von seinen anstehenden Dienstreisen, auf die er mich dann gelegentlich auch mal mitnehmen wolle.

Er macht sich wieder an seinem Rucksack zu schaffen. »Ich hab meinen DVD-Player und meine Lieblingsfilme mitgebracht, die können wir dann zusammen anschauen.« Er zwinkert mir zu. »Nach dem Sex, natürlich. Ich lass den dann auch gleich bei dir, wir haben zu Hause noch einen zweiten.«

Ich schiebe eine getrocknete Tomate in meinen Mund. Ich komme mir plötzlich vor wie in einer langjährigen Beziehung. Sehe die kommenden Dienstage voraus, so, als hätte ich sie bereits erlebt. Keine Ahnung warum, aber die Schmetterlinge in meinem Bauch sind mit einem Mal mausetot, meine Lust auf diesen Mann ist wie weggeblasen.

Nach dem Essen zieht er mich hoch und trägt mich zum Bett, zieht mich aus, bindet mich mit seinen Mitbringseln an die Bettpfosten und küsst mich zärtlich überall. Ich mache gute Miene, stöhne ab und zu laut auf, hoffe aber eigentlich nur noch, dass es schnell vorbei ist. Zum Glück macht ihn die Fesselnummer an. Es dauert nicht lange, bis er mit schrecklich lautem Gestöhne kommt und dann auf mir zusammensackt.

»Das war so was von geil«, flüstert er in mein Ohr. Er rutscht ein bisschen zur Seite, will mich in seine Arme ziehen. Ich murmele was von »unter die Dusche« und verschwinde ins Badezimmer.

Ich dusche, bis die Haut an meinen Fingern ganz schrumpelig ist und hoffe, dass er schon schläft, wenn ich zurückkomme. Von wegen. Putzmunter sitzt er im Bett. Aber leider nicht nur er, sondern auch sein Schwanz.

»Wir warten schon sehnsüchtig«, verkündet er. »Ich komm gerade erst in Fahrt.«

Oh nein, bitte! Ich mag nicht mehr! Am liebsten wäre mir, er würde jetzt sofort seinen DVD-Player, seine Filme, den Bademantelgürtel und den Spanngurt packen und verschwinden. Aber ich kann ihn ja nicht mitten in der Nacht auf die Straße setzen. Zumal der Zug erst um 5.12 Uhr geht.

»Ich hab plötzlich üble Kopfschmerzen«, murmele ich.

»Da weiß ich was dagegen.« Er zieht mich zu sich und knetet mit seinen Händen durch meine Haare. »Das haben wir gleich.«

Unwillig reiße ich meinen Kopf weg, hülle mich in meine Bettdecke und ziehe sie bis zum Kinn. »Bin total müde.«

Janis kuschelt sich an meinen Rücken. Bitte nicht! Ich will seine Nähe nicht mehr. Alles in mir sträubt sich dagegen, in seinen Armen einzuschlafen. Sogar durch die Bettdecke spüre ich seinen harten Schwanz. Törnt mich jetzt nur noch ab.

Ich tue wieder kein Auge zu und bin einfach nur froh, als der Wecker um 5 Uhr klingelt. Er tapst vorsichtig ins Bad, um mich nicht aufzuwecken.

Unter einem fadenscheinigen Vorwand habe ich dann am nächsten Tag die »Beziehung« beendet. Janis war ein toller Mann, wir hatten guten Sex, ich hatte zumindest am Anfang Kribbeln im Bauch. Oder war ich einfach nur neugierig auf diesen überdimensional großen Schwanz?

Außerdem mag ich es nicht, neben einem Mann aufzuwachen, den ich über ein Sex-Portal im Internet kennengelernt habe und schätze, ich kann mich nicht in huskyblaue Augen verlieben. Wir haben uns nie wieder getroffen. Bis heute habe ich noch zwei DVDs von ihm. Zurückschicken geht nicht, ich kenne seine Adresse nicht, seinen Nachnamen habe ich mir auch nicht gemerkt.

GOLF FÜR DEVOTE

Dominik, Nickname: Domino_666

*Profil: Gut aussehender, experimentierfreudiger Aben-
teurer mit leichtem Hang zur Dominanz und ausge-
prägter Aversion gegen übertriebene Romantik sucht
hungrige, unerschrockene, ebenso abenteuerlustige Frau
mit entsprechender Neugierde für spontane oder wohl
geplante Adrenalinschübe. Optimal wäre es, wenn du ein
kindlich empfindsames Gemüt und einen leichten Hang
zum Devoten hast. Kreative Szenarien sind ebenso will-
kommen wie unerwartete Wendungen. Überrasch mich!*

Es ist stockfinster, ich stehe auf einem menschenleeren Golfplatz
am Rand der Stadt und warte.

Eigentlich mag ich solche »Auswärtsdates« gar nicht. Irgendwie habe ich das Gefühl, die Situation besser unter Kontrolle zu
haben, wenn ich mich mit fremden Männern in der Stadt treffe –
was natürlich Unsinn ist …

Aber Dominik machte auf mich einen vertrauenerweckenden
Eindruck … Außerdem mag ich Sex an ungewöhnlichen Orten
und ein Golfplatz in der Dunkelheit könnte durchaus spannend
sein, dachte ich. Zudem klangen die wenigen kurzen Mails, die
zwischen uns hin und her gingen, ziemlich geheimnisvoll.

So wie diese: *Sag, was suchst du? Ein Blind Date mit spontaner
Entscheidung, ob man leidenschaftlich und zügellos übereinander
herfällt? Kannst du haben! Wie wäre es zum Beispiel mit einem
spontanen Treffen auf dem Golfplatz … gegen Abend. Lass was
von dir hören, Dominik.*

Nun stehe ich also auf besagtem Golfplatz. Es ist schon zehn Minuten über die Zeit. Langsam frage ich mich, ob mich Dominik einfach nur veräppelt hat. Ob das seine unerwartete Wendung ist? Ich lehne mich gegen die Wand des Klubhauses. Es vergehen weitere fünf Minuten, plötzlich raschelt es. Ich zucke für einen Moment zusammen.

»Hi.« Dominik taucht neben mir aus der Dunkelheit auf. Er sieht gut aus, er gefällt mir, ist nur ein bisschen düster angezogen, langer, schwarzer Mantel, schwarze Hose und schwarzes Hemd. Er grinst. »Hätte nicht gedacht, dass du kommen würdest.«

»Hier bin ich.«

Er mustert mich aufmerksam. »Hatte diesen Treffpunkt schon drei anderen Frauen vorgeschlagen, keine ist darauf eingegangen.«

»Und dann?«

»Was und dann?«

»Hast du dich mit diesen Frauen woanders verabredet?«, will ich wissen.

Er beugt sich ganz dicht zu mir, ich spüre seinen Atem. »Bringt mir nichts. Mir geht es um den Reiz, die Dunkelheit, das Verbotene, das Asymmetrische, den Adrenalinkick …«

Aha. »Was genau meinst du damit?«

»Das wirst du schon sehen.« Seine Stimme ist plötzlich sehr tief und so düster wie seine gesamte Erscheinung. Ein bisschen mulmig wird mir langsam doch. Wer weiß, was der Typ noch vorhat.

Er beugt sich zu mir, fasst für meinen Geschmack etwas zu fest in meine Haare, zieht mich zu sich und küsst mich. Zu heftig. Genauso ruckartig lässt er mich dann wieder los. Schlägt mit einer ebenso unerwarteten Bewegung seinen langen schwarzen Mantel auseinander. Er zieht einen Golfschläger hervor, schwingt ihn hin und her.

Was soll das denn jetzt werden? Gehen wir jetzt golfen? Ist das die unerwartete Wendung?

Er packt mich am Arm, dreht mich um und klatscht mit dem Golfschläger ziemlich unsanft auf meinen Hintern. »Komm mit«, sagt er dann und geht voran.

»Wohin?«

»Spielen.«

Hm. Will der jetzt tatsächlich golfen? Im Dunklen?

Er geht mit schnellen, großen Schritten voran. Ich folge ihm. Wir marschieren über den nächtlichen Golfplatz. Meine Stiefelabsätze bohren kleine Löcher in das Green. Die Golfer werden sich freuen, schießt es mir kurz durch den Kopf. Es ist kalt. Ich frage mich, was das werden soll.

Gerade, als ich überlege umzudrehen, bleibt Dominik stehen und deutet auf den Boden vor uns. Dort liegt eine rot-weiß karierte Decke ausgebreitet, daneben steht ein geflochtener Korb. Ein nächtliches Picknick mit einem Gläschen Prosecco? Na gut, warum nicht. Es ist eine schöne sternenklare Nacht. Könnte durchaus noch romantisch werden.

Wir setzen uns auf die Decke, Dominik holt zwei Bierflaschen aus dem Korb. Ich mag kein Bier und schüttle den Kopf. Er zieht etwas pikiert eine Augenbraue hoch, knackt nur seine Flasche auf.

Und nun? Er beugt sich nach vorn, greift wieder ziemlich unsanft in meine Haare und zieht mich zu sich heran, zerrt so grob an meiner Bluse, dass sie zerreißt, und legt meine Brüste frei. Leckt zweimal an meinen Nippeln und stößt mich dann mit einer ziemlich derben Bewegung wieder zurück. Nein, irgendwie gefällt mir das alles nicht.

»Du würdest dich also als devot bezeichnen«, fängt er plötzlich an zu plaudern.

Ganz sicher nicht. Ich war nur neugierig auf jemanden, der eine devote Frau sucht …

»Weißt du überhaupt, was das ist? Devot?«, hakt er nach.

Nun ja, ich bin der deutschen Sprache mit den meisten ihrer Fremdwörter einigermaßen mächtig.

»Das bedeutet, dass du alles tun musst, was ich will«, erklärt er, ohne meine Antwort abzuwarten.

So langsam bekomme ich ein merkwürdiges Gefühl in meiner Bauchgegend.

»Wir Männer lieben devote Frauen, alle Männer tun das«, plaudert er weiter und beobachtet dabei ganz genau meine Reaktion.

Im Nachhinein betrachtet hätte ich spätestens hier checken müssen, was er vorhat. Immerhin sprach er da schon in der Mehrzahl.

Er trinkt seine Flasche leer, holt die zweite, knackt sie auf, beugt sich dann ganz nah zu mir. Sein Atem riecht nach Bier. Seine Augen glänzen komisch.

»Was machst du denn sonst so, wenn du nicht nachts auf Golfplätzen rumhängst«, versuche ich das Gespräch wieder in eine unverfängliche Richtung zu lenken.

»Dann häng ich tagsüber auf Golfplätzen rum«, erzählt er und lacht dabei, als hätte er den besten Witz der Welt gemacht.

Mir reicht's. Irgendwie ist dieser Typ ziemlich durchgeknallt. Ich will aufstehen, er packt mich unsanft am Arm, zieht mich wieder nach unten. »Warte, nicht so schnell, ich hab doch noch eine Überraschung für dich.«

Besten Dank, mein Bedarf an Überraschungen und unerwarteten Wendungen ist für heute gedeckt. Ich will meinen Arm wegziehen, doch sein Griff wird noch fester. Unmissverständlich fest. Verdammt. Wie komm ich aus der Nummer wieder raus?

Er sieht auf seine Uhr. »Ich hab uns zwei Hübschen noch etwas Gesellschaft bestellt, müsste gleich kommen«, erklärt er mit breitem Grinsen. »Hast doch sicher nichts dagegen?«

Gesellschaft … mir jagt dieser durchgeknallte Typ allein schon Angst ein. Ruhig bleiben, Siena, sage ich mir.

»Du, ich glaub, das mit uns passt nicht so ganz«, sage ich dann vorsichtig. »Ich bin wohl doch nicht so devot, wie ich dachte.« Ich will wieder aufstehen. Diesmal lässt er mich. Puh, denke ich erleichtert, vielleicht hat er auch gecheckt, dass das mit uns nichts wird.

Er erhebt sich auch, jetzt stehen wir uns gegenüber. Er lächelt mich an. »Du bleibst hier, du Schlampe.« Er packt mich wieder am Arm. An der gleichen Stelle wie vorher. Es tut weh. Außerdem bekomme ich langsam richtig Angst. Schon allein vor ihm. Und dann der Gedanke an die angekündigte Gesellschaft …

Ich überlege fieberhaft, was ich tun kann. Es ist dunkel, wir sind auf einem verlassenen Golfplatz, kein Mensch würde mich hören, wenn ich schreie.

Genüsslich grinsend sieht er mich an. »Kriegst langsam Schiss, oder?«

Kann man wohl sagen. Er lässt mich los, bückt sich, um nach der Bierflasche zu greifen. – Was jetzt? Weglaufen? Er ist ganz bestimmt schneller als ich und meine hohen Absätze bremsen zusätzlich. Egal. Ich drehe mich um und hetze beziehungsweise stolpere davon, so schnell mich meine Stiefel über den Golfplatz tragen.

Folgt er mir? Hinter mir ist nichts zu hören. Mein Herz klopft wie verrückt. Dann sehe ich mich um. Er steht breitbeinig auf der Decke, hält seine Bierflasche in die Höhe und grinst verächtlich.

Noch nie war ich über den Anblick meines Autos so froh wie an diesem Abend. Ich steige ein, verschließe die Türen von innen und gebe Gas.

An der nächsten Kreuzung bleibe ich erst mal stehen und schnaufe durch. Keine Ahnung, was der Typ wirklich vorhatte, keine Ahnung, ob er wirklich Gesellschaft holen wollte, oder ob der ganze Abend nur ein – wie er in seinem Profil schrieb – »geplanter Adrenalinschub« war. Ich weiß nur eins, ich hatte schon lange nicht mehr solche Angst.

Die nächsten Tage klicke ich erst mal kein Profil mehr an. Doch dann siegt wieder die Neugier.

SPRECHSTUNDE MIT STÖRUNGEN

Sebastian, Nickname: docfantasie

Profil: Mann mit Niveau, Charme, Witz und Esprit sucht Gleichgesinnte. Diskretion und Freiraum sind selbstverständlich. Eines der schönsten Dinge der Welt ist für mich, eine Frau zu verwöhnen, und damit meine ich nicht nur im Bett. Das macht aber auch nur Spaß, solange man etwas zurückbekommt, was in meiner Ehe absolut nicht der Fall ist. Ein gewisses Maß an (Allgemein-) Bildung sollte vorhanden sein, ebenso Eloquenz und Selbstbewusstsein.

Ich bin beim Arzt. Nicht, weil ich krank bin, sondern weil mich Sebastian in seine Praxis bestellt hat. Er ist Internist, es ist ein später Mittwochvormittag und ich bin der letzte »Patient« in seinem Wartezimmer. Nur eine recht hübsche dunkelhaarige Sprechstundenhilfe mit tellergroßen Kreolen ist noch da.

Es ist das erste Mal, dass ich völlig gesund in einer Arztpraxis warte. Ein bisschen ungewöhnlich fand ich diesen Ort als Treffpunkt schon, aber gut.

Auf seinem Profilbild im Internet sieht Sebastian wirklich gut aus. Kurze, leicht lockige schwarze Haare, bernsteinfarbene Augen, groß, muskulös.

Die Sprechstundenhilfe kommt ins Wartezimmer, mustert mich. Ob sie weiß oder ahnt, dass ich keine Patientin bin? »Frau Schneider, kommen Sie bitte mit.«

Ich folge der Sprechstundenhilfe in das Arztzimmer. »Setzen Sie sich. Der Herr Doktor wird gleich für Sie da sein.«

Ich setze mich und warte. Eine seltsame Situation, aber es macht mich an, irgendwie. Mein Blick wandert zu der flaschengrünen Untersuchungsliege. Ob wir es gleich hier treiben werden?

An der Wand hängen hübsche Landschaftsbilder in Pastellfarben. Sebastian scheint Geschmack zu haben. Auf dem Schreibtisch steht ein in Silber gerahmtes Bild von einer attraktiven, dunkelhaarigen Frau und zwei süßen Mädels mit langen brünetten Zöpfen. Sicher seine Kinder. Und seine Frau, die er jetzt gleich mit mir betrügen wird. Vorausgesetzt es passt zwischen uns.

Die Tür geht auf, Sebastian kommt rein. Er trägt ein beigefarbenes Polohemd, dazu eine Hose in der gleichen Farbe, ist braun gebrannt. Und er sieht verdammt gut aus.

»Hallo Siena.« Er lächelt nett, seine bernsteinfarbenen Augen leuchten, er setzt sich hinter seinen Schreibtisch.

»Hi.« So, jetzt ist der Moment gekommen, in dem der Arzt die Krankenakte zückt und nach den Beschwerden fragt.

Sebastian lehnt sich lässig zurück und mustert mich. »Alles klar bei dir?«

Ja, schon. So weit. »Mir fehlt nichts.«

»Das sollte ich aber doch besser überprüfen«, findet er. Steht auf, holt das Stetoskop, gibt mir ein Zeichen, mich zu erheben. Er dreht mich um, zieht meine Bluse hoch.

»Und jetzt tief ein- und ausatmen.«

Ich fühle das kalte Stethoskop auf meinem nackten Rücken, spüre seinen Atem, werde langsam ziemlich kribbelig. Dann dreht er mich um. Ich will ihn berühren, doch er stoppt mich. »Warte noch einen Moment.«

Er geht zu seinem Schreibtisch, drückt auf die Gegensprechanlage. »Könnten Sie bitte kurz zu mir kommen, Frau Meier.«

Was wird das denn jetzt? Ein flotter Dreier?

Die Sprechstundenhilfe mit den großen Kreolen kommt ins Zimmer.

»Wir sind dann so weit durch, Sie können gehen«, sagt Sebastian.

»Dann bis morgen.« Die Sprechstundenhilfe nickt und sieht mich dabei ein bisschen komisch an, was ich mir aber auch einbilden kann. Als sie die Tür hinter sich geschlossen hat, nimmt er mich in den Arm und küsst mich. Sehr liebevoll, sehr sanft, sehr zärtlich. Er zieht meine Bluse aus. Es fühlt sich gut an, sehr gut. Er schlüpft aus seinem Polohemd, enthüllt einen gut definierten, muskulösen Oberkörper. Meine Hände wandern über seine weiche Haut, während er mich immer weiter küsst.

Wir stehen jetzt so eng zusammen, dass ich seinen harten Schwanz spüre. Plötzlich packt er mich, hebt mich hoch, trägt mich in das Nebenzimmer. Ein kleiner dunkler Raum, es riecht ein bisschen nach Desinfektionsmittel. Es macht mich heiß, für einen kurzen Moment bedauere ich, dass Sebastian kein Gynäkologe ist, ein solcher Stuhl wäre jetzt optimal …

Sebastian setzt mich auf den Tisch, schiebt meinen Rock hoch, zieht gleichzeitig an seiner Hose, nestelt ein Kondom aus der Tasche, streift hektisch Hose und Slip nach unten, zieht das Kondom über und fickt mich. Kräftig, hart, gleichmäßig. Schon nach ein paar Minuten kommt er mit einem leichten Seufzer.

Hm, ziemlich schnelle Nummer. Entweder hatte er schon seit Ewigkeiten keinen Sex mehr, oder er leidet unter vorzeitiger Ejakulation. In Windeseile zieht er das Kondom von seinem Schwanz, wickelt es in ein Taschentuch, zieht Hose und Slip hoch und steckt es in seine Hosentasche, was ich ein bisschen merkwürdig finde. Aber klar, hier im Papierkorb könnte es auch einige Fragen aufwerfen.

Dann umarmt er mich liebevoll. »Geht's dir gut, Siena? Bist du gekommen?«, fragt er dabei leicht außer Atem.

Wie antwortet man auf diese Frage? Mit der Wahrheit? Nein, ich bin nicht gekommen, du warst viel zu schnell, ich hatte nicht den Hauch einer Chance? Oder mit einer fromme Lüge? Ja, du warst fantastisch. Ich sage erst mal gar nichts und küsse ihn. Vielleicht war das nur der Anfang und wir machen gleich weiter.

Auf einmal wird die Tür aufgerissen und Frau Meier steckt ihren Kopf herein.

Sie erstarrt, schluckt, stammelt kurz eine Entschuldigung und schließt mit hochrotem Kopf die Tür wieder. Na super! Sebastian wird hektisch, sehr hektisch. Macht seine Hose zu, versucht, seine zerzausten Haare wieder in Form zu bringen, rast dann aus dem Zimmer, jagt vermutlich Frau Meier nach. Mist!

Ich ziehe mich auch wieder an und hoffe inständig, dass Frau Meier nicht schon Sebastians Ehefrau alarmiert hat. Dann setze ich mich in den kleinen dunklen Raum und warte. Eine blöde Situation. Soll ich rausgehen? Oder lieber nicht? Ist da noch jemand? Oder sind die beiden verschwunden?

Nichts tut sich. Langsam werde ich ein bisschen sauer. Sebastian könnte ruhig auch mal an mich denken und mich informieren! Ist nicht meine Schuld, wenn er nicht in der Lage ist, seine Sex-Termine richtig zu koordinieren. Dann geht endlich die Tür auf. Sebastian kommt rein. Sein Kopf ist jetzt so rot wie eben der von Frau Meier.

»Es ist besser, du geht's jetzt, Siena«, stößt er hervor.

Oh ja! Sehe ich ganz genauso. Ich folge ihm nach draußen. Dort ist niemand zu sehen, auch keine Frau Meier. »Kriegst du jetzt Probleme?«, frage ich ihn. Blöde Frage, ich weiß schon. In etwa so, als würde man fragen, ob man nass wird, wenn es regnet …

Fahrig streicht sich Sebastian durch die Haare. »Wird schon alles gut gehen. Schließlich bin ich ihr Arbeitgeber, und sie will ihren Job sicher nicht verlieren.«

Aha, klarer Fall von Erpressung. Ziemlich übel, aber nicht mein Problem.

Zum Abschied streckt er mir die Hand hin. »Mach's gut, Siena.«

Etwas perplex stehe ich ein paar Minuten später wieder unten auf der Straße und frage mich, warum um Himmels willen dieser Typ sich in so eine brenzlige Situation begibt. Wir hätten uns in einem Lokal treffen können oder meinetwegen am Abend in seiner Praxis. Aber kurz vor Ende der Sprechstunde? Ist das der Kick, der ihn antörnt?

Keine Ahnung, ob Frau Meier dichtgehalten hat. Ich habe Sebastian am nächsten Tag noch eine Mail geschrieben, doch er hat sich nie wieder gemeldet.

HÖHENFLUG OHNE HÖHEPUNKT

Franz, Nickname: überdenwolken_007

Profil: Ich liebe optimistische, positive Menschen, die Sinn für Humor haben. Ich gehöre nicht zu den stillen Zeitgenossen, denke von mir sagen zu können, dass ich eher extrovertiert bin und gute Unterhaltungen liebe. Ich würde gerne eine hübsche, interessante Lady kennen- lernen, mit der ich vielleicht auch mal ein Wochenende zum Skilaufen fahren kann, oder natürlich auch nur zum Schlemmen in einem hübschen Restaurant. Vielleicht bist du ja zufällig diejenige, nach der ich suche, wer weiß? Ich bin aktiv und generell sehr sportlich. Ach ja, und ich bin Hobbypilot. Wenn dir also mal nach Höhenflügen ist – auch sexueller Natur –, dann melde dich!

Ich stehe auf einem kleinen Flughafen mit ein paar Segelfliegern am Rande der Stadt. Wir haben uns nach ein paar Mails dort verabredet, zu den versprochenen Höhenflügen. Noch bin ich allerdings nicht sicher, ob etwas daraus wird, denn sowohl Mann als auch Flugzeug will ich mir vorher erst einmal ansehen.

Franz hat mir in einer Skizze genau aufgemalt, wo seine Ma- schine steht. Das Flugzeug ist da, er noch nicht. Ich sehe es mir genauer an. Erschreckend winzig, keine Ahnung, woran man erkennt, ob so ein Teil flugtauglich ist oder nicht. Da muss ich mich wohl auf ihn verlassen und inständig hoffen, dass er keine Selbstmordabsichten hegt.

»Guten Tag, liebe Siena«, höre ich eine sonore Stimme hinter mir.

Ich drehe mich um und blicke in zwei schöne dunkelblaue Augen in einem gepflegten Gesicht. Viel mehr ist nicht zu sehen, denn Franz trägt eine Pilotenmütze und einen locker sitzenden Overall.

»Hi.«

»Und, hattest du schon mal Sex in der Luft?«, will er sofort wissen.

»Nicht wirklich.« Um ehrlich zu sein, habe ich es mal auf der Toilette einer Linienmaschine versucht. Funktionierte aber nicht wirklich. Zum einen ist es dort viel zu eng, zum anderen hatte mein damaliger Freund Flugangst. Gerade als es zur Sache gehen sollte, krachten wir in ein Luftloch. Nicht weiter schlimm, aber meinem Freund war danach nicht mehr nach Sex, sondern nur noch nach einer Spucktüte.

»Ein Orgasmus über den Wolken ist ein unvergleichbares Erlebnis«, schwärmt er.

Kann ich mir gut vorstellen. Aber mit ihm, in dieser winzigen Maschine? Ich blicke in den Himmel. Tiefblau, wolkenlos, windstill ist es auch. Kann ja nicht so schwer sein, bei diesen Wetterbedingungen zu fliegen, oder?

Franz hält mir die Tür auf. »Komm schon, steig ein.«

Irgendwie geht mir das gerade ein bisschen schnell. Wollen wir nicht vielleicht erst mal zusammen einen Kaffee trinken, bevor wir über den Wolken Sex haben? Vielleicht hat er ja eine Glatze unter seiner Pilotenhaube? Und seinen Körper hätte ich auch ganz gern vorher gesehen.

»Was ist?« Franz winkt, ist schon ein bisschen ungeduldig.

»Wie wär's, wenn wir uns erst mal ins Clubhaus setzen und was trinken?«, schlage ich vor.

Er schüttelt den Kopf. »Geht leider nicht. Ich hab wenig Zeit. Außerdem kennen alle Clubmitglieder mich und meine Frau. Du verstehst …«

Na gut. Dann muss ich mich jetzt für oder gegen einen Höhenflug entscheiden. Ich mustere ihn noch einmal intensiver. Er sieht nicht schlecht aus, seine Hände sind groß und männlich, seine Augen ausgesprochen schön. Und wer weiß, wann sich wieder solch eine Gelegenheit bietet. Meine Abenteuerlust siegt.

»Okay«, nicke ich und klettere in das ziemlich enge Cockpit.

Franz schließt die Tür, steigt dann auf der anderen Seite ein. Er gibt mir etwas, das aussieht wie Ohrenschützer, zeigt mir, wie ich mich anschnallen muss, betätigt dann diverse Knöpfe und Hebel. »Alles klar?«

Ich nicke. Er beugt sich rüber zu mir, fasst unter mein Kinn und küsst mich. Nicht gerade spektakulär, aber gut. Ich frage mich, wie das mit dem Sex über den Wolken überhaupt funktionieren soll. Wenn er mich anfassen will, muss er die Hände vom Steuerknüppel nehmen, und ich glaube nicht, dass ich das gut fände. Ich könnte mich rüberbeugen und ihm einen blasen. Aber wenn er dann kommt und bei seinem Höhenflug die Augen schließt? Ich glaube, diese Variante gefällt mir auch nicht besonders.

Franz startet den Flieger. Hätte ich mir besser vorher überlegen sollen. Vielleicht lassen wir das lieber mit dem Sex und machen einfach nur einen Ausflug mit dem Segelflieger. Ist mein erstes Mal in so einem Ding. Wir rollen über die Startbahn, steigen dann langsam in die Höhe.

»Geil, oder?«, freut sich Franz schon jetzt und zieht den Flieger immer höher. Es rumpelt ein bisschen, so, als würde man mit einem Auto über eine löchrige Piste fahren. Ob das normal ist? Franz verzieht keine Miene, scheint also alles im grünen Bereich zu sein. Ich schaue nach draußen. Die Welt unter mir wird immer kleiner.

Auf einmal spüre ich, wie seine Hand meinen Rock nach oben schiebt. Oh, sollte die nicht besser am Steuerknüppel sein? Ich ziehe mein Bein weg. Die Hand von Franz kommt nach. Es rumpelt wieder. Ich hab ein Kribbeln im Bauch, aber nicht, weil mich seine Berührung so heiß macht ...

Franz zieht seine Hand wieder weg. Ich atme kurz auf. Aber nur kurz, denn er legt seine Hand nicht zurück an den Steuerknüppel, sondern öffnet den Reißverschluss seines Overalls und zieht seinen Schwanz raus. »Komm her«, ruft er mir etwas heiser zu. »Nimm ihn in deinen Mund.« Dabei fährt er mit der Hand seinen Schwanz hoch und runter und stimuliert sich selbst. »Los, jetzt komm schon, stell dich nicht so an!«

Man kann mir vieles nachsagen, aber ganz bestimmt nicht, dass ich mich beim Sex zieren würde. Und ich hab nichts gegen Oralsex, gar nichts. Im Gegenteil, es gibt mir ein Gefühl von Macht über den Mann, wenn sein Schwanz in meinem Mund wächst und schließlich explodiert. Ein sehr gutes Gefühl. Aber jetzt gerade wird mir ein bisschen übel.

Franz reibt seinen Schwanz immer schneller. »Dann mach's dir wenigstens selber. Zeig mir, wie du deine Finger in die Muschi steckst, los, mach schon«, stöhnt er.

Normalerweise auch kein Problem. Aber mir wird langsam richtig übel. Der Flieger rumpelt jetzt wieder stärker. Aus den Augenwinkeln beobachte ich Franz, der immer heftiger wichst und immer lauter stöhnt. Ich hoffe nur, er spritzt möglichst schnell ab, lässt endlich seinen Schwanz los und legt die Hand wieder an den Steuerknüppel. Jetzt hört es sich an, als würde er gleich kommen. Endlich. Nein, doch nicht. Seine Handarbeit wird wieder langsamer. Offenbar will er das Vergnügen möglichst lange hinauszögern.

Der Inhalt meines Magens hebt sich spürbar. Ich habe einen ekligen Geschmack im Mund. Ich schlucke ihn herunter, was aber nicht hilft, er kommt wieder. Mir ist inzwischen kotzübel und Franz neben mir holt sich weiter munter einen runter, genießt seinen Höhenflug. Mir reichts jetzt, ich muss ihn unterbrechen.

»Franz!«

Er reagiert nicht, stöhnt und wichst weiter.

»Franz!«

Nichts. Ich greife nach einem Arm, ziehe seine Hand weg von seinem Schwanz. »Franz, mir ist kotzübel.«

»Wie?« Er dreht seinen Kopf zu mir.

»Mir ist total schlecht, ich glaub, ich muss mich gleich übergeben.«

Jetzt endlich hat er den Ernst der Lage erkannt. »Kotz mir bloß nicht in meinen Flieger!«, herrscht er mich an.

Würd ich auch nur sehr ungern tun, wenn sich's vermeiden lässt. Aber langsam wird's eng. Ich schlucke und schlucke und versuche dadurch, den Brechreiz zu unterdrücken. Ich versuche, mich auf ihn zu konzentrieren. Auf den ziemlich grotesken Anblick seines Schwanzes, der halbtot aus dem Reißverschluss des Overalls hängt. War ein ziemlich abrupter Absturz kurz vor dem Höhenflug.

Jetzt ist Franz ein bisschen sauer. »Mensch Mädel, warum steigste dann ein, wenn du's Fliegen nicht verträgst?«

»Können wir wieder runter? Möglichst schnell«, presse ich hervor. Ich bekomme jetzt auch noch schreckliche Kopfschmerzen.

Franz betätigt hastig ein paar Knöpfe und Hebel und ich merke, wie wir an Höhe verlieren. Endlich. Es rumpelt wieder. Bitte nicht. Dann endlich setzt der Flieger auf der Rollbahn auf. Oh Gott, bin ich froh. Nichts wie raus aus dieser fliegenden Sardinenbüchse. Bevor ich aus dem Flieger stürze, deute ich noch auf Franz' offene Hose. Kommt vielleicht nicht so gut, wenn er so aussteigt.

Dann rase ich zum Clubhaus, haste zur Toilette und übergebe mich. Mit pochenden Kopfschmerzen, einem bitteren Geschmack im Mund und zitternden Beinen lehne ich dann an der Toilettenwand. Keine Hobbypiloten und keine Höhenflüge mehr!

LEIDER KEIN TREFFER

Andreas, Nickname: anderlo9

Profil: Bin spontan und kann gut auf andere Menschen eingehen. Ich würde mich als sehr kontaktfreudig und lebenslustig bezeichnen. Außerdem bin ich zärtlich und romantisch. Ich suche eine hübsche Frau, mit der ich neue, aufregende Dinge erleben kann, und die nicht unbedingt gleich um die Ecke wohnt und meiner Frau beim Einkaufen begegnet. Ich liebe die Abwechslung, auch beim Sex, und möchte dich gern verwöhnen. Ich habe nichts gegen einen Qickie im Auto, aber auf Dauer ist das mir zu einseitig. Freue mich auf erotische Stunden mit dir.

Nein, zu einem Quickie im Auto wird es bei uns beiden auf keinen Fall kommen, denn Andreas wohnt in einer anderen Stadt und reist zu unserem Date auf etwas ungewöhnliche Weise an.

Hallo Siena, ich komme mit einem Fußball-Fanbus, daher weiß ich nicht, ob ich es exakt bis 18 Uhr schaffen werde, schrieb er in seiner letzten Mail. *Die Jungs halten an fast jedem Rastplatz an und machen eine Weißbierpause. Ich denke, es wird eher 19 Uhr. Ich möchte nicht, dass du mich für unzuverlässig hältst. Es wäre am besten, wenn ich dich per SMS erreichen könnte. Freue mich! LG Andreas.* Ich bin ziemlich gespannt auf diesen Fußball-Fan.

Wir haben uns in einer Kneipe in der Nähe des Bahnhofs verabredet, dorthin kommt er vom Stadion gut mit der U-Bahn. Ich sitze schon seit einer halben Stunde hier. Die Weißbierpausen ziehen sich offenbar ziemlich hin. Gerade als ich gehen will, kommt eine SMS: *Bin in zehn Minuten da.* Na gut.

So ganz hab ich den Sinn dieses Dates noch nicht verstanden. Verzichtet er meinetwegen auf das Fußballspiel? Und fährt er heute Nacht mit dem Bus wieder zurück? Oder geht er davon aus, dass er bei mir übernachtet?

Eigentlich bescheuert, mich auf so etwas einzulassen, aber was er schrieb, klang so schräg, dass ich beschloss, ihn kennenzulernen.

Das Foto in seinem Profil war etwas verschwommen, doch was man erkennen konnte, sah vielversprechend aus. Dunkle Haare, Dreitagebart, etwas verwegen. Wieder eine SMS: *Bin gleich da, Siena.*

Nach zehn Minuten geht die Tür auf und Andreas betritt die Kneipe. Er muss es sein, denn er hat einen Fan-Schal um den Hals. Er gefällt mir überhaupt nicht. Gelb-grünes Ringelshirt, ausgewaschene Jeans, hängende Schultern und eine etwas gebückte Haltung. In der Hand hält er einen völlig zerfledderten Stadtplan, der mindestens zehn Jahre alt sein muss. Dass er damit überhaupt hierhergefunden hat … Am liebsten würd ich sofort wieder gehen. Er grinst mich an. Hat ziemlich große Schneidezähne, ein bisschen wie ein Kaninchen.

»Hallo Siena. War gar nicht so leicht, mich von meinen Kumpels loszueisen.«

Mist. Ich kann wohl doch nicht einfach verschwinden. Immerhin hat er sich in einen Fanbus gesetzt und verzichtet auf ein Knallerspiel, um mich zu sehen. Es wäre wohl ziemlich unhöflich, wenn ich sofort wieder gehen würde.

»Vermissen dich deine Kumpels nicht?«

»Ach was.« Er macht eine lässige Handbewegung, als wolle er eine lästige Fliege verscheuchen. »Die denken doch, ich bin beim Spiel. Das Stadion ist so groß, wir sitzen nicht alle nebeneinander.« Er grinst verschmitzt. »Ich sollte mich nur über den Endstand informieren, bevor ich zurückfahre.«

»Bist du Fußballfan?«

»Ja und nein.« Er bestellt erst mal ein Weißbier. »Ich hätte das Spiel schon gern gesehen, aber es war eben auch eine Super-Gelegenheit, hierherzukommen und dich zu treffen, ohne dass meine Frau Verdacht schöpft.«

In der Tat. Welche Frau würde auch nur im Entferntesten annehmen, dass ihr Mann, der in einen Fußball-Fanbus steigt, um zu einem Spiel zu fahren, in Wirklichkeit eine fremde Frau zum Sex trifft, die er im Internet kennengelernt hat ...

»Wie lange bist du schon dabei?«

»Wobei?« Er sieht mich fragend an.

Sicher nicht im Fußballclub. »Bei diesem Portal.«

»Ach, erst ein paar Wochen.« War klar. Interessanterweise sind fast alle Männer, die ich gefragt habe, erst ein paar Wochen dabei ...

So. Und jetzt? Wir unterhalten uns angestrengt über die Stadt, die Sehenswürdigkeiten, zwischendurch blicke ich immer wieder auf die Uhr, doch die Zeit zieht sich hin wie Kaugummi. Irgendwann weiß ich beim besten Willen nicht mehr, worüber ich mit ihm sprechen soll.

Betretenes Schweigen. Ich blicke in eine Ecke der Kneipe, er in eine andere. Anstrengend.

»Wann musst du denn wieder am Stadion sein?«, frage ich dann, ich glaube schon zum dritten Mal.

»Um 23 Uhr fährt unser Bus wieder ab. Den muss ich auf jeden Fall erwischen, sonst gerate ich in arge Erklärungsnot.«

Keine Sorge, ich werde dafür sorgen, dass er den Bus erwischt!

»Bis dahin hab ich Zeit für dich.« Er sieht mich an. »Bist du mit dem Auto hier?«

Äh ... ja ... warum? Ich nicke.

»Ich bin offen für alles. Du kennst dich in der Stadt aus, wir machen, was du vorschlägst«, meint er munter und rutscht voller Vorfreude auf dem Stuhl hin und her.

Nee, ich denke nicht, dass wir beide irgendetwas machen! Ich zucke nur die Schultern.

»Gibt's vielleicht irgendwo in der Stadt einen Park, in den wir gehen können?«, schlägt er dann vor und sieht mich erwartungsvoll an.

Aha. So also hat er sich das gedacht. Ein Quickie im Park zwischen Anpfiff und Abpfiff. Prinzipiell nichts dagegen, aber ganz sicher nicht mit ihm.

»Klar gibt's hier Parks, aber es ist viel zu kühl heute. Außerdem sieht es so aus, als würde es regnen.« Super-Ausrede, ich weiß!

Er sagt nichts. Aber sein vorfreudiges Grinsen fällt ein bisschen in sich zusammen. Verstohlen sehe ich wieder auf die Uhr. Erst halb acht. Noch mindestens drei Stunden. Warum tue ich mir so was an? Ich könnte mit einer Freundin entspannt essen gehen oder mich auf die Couch vor den Fernseher legen. Warum lasse ich mich von diesem Typen langweilen?

»Der Weg zum Stadion ist recht weit«, sagt er schließlich.

»Sehr weit«, nicke ich. »Da musst du echt rechtzeitig los.«

Jetzt sieht er auf die Uhr. »Um halb elf würd ich sagen.«

»Bisschen früher wäre besser. Sicher ist sicher.«

»Ach, halb elf reicht, denk ich.«

Hilfe, bis dahin sind es noch zwei Stunden und exakt 23 Minuten. Mist. Ich will weg. Aber ich kann ihn doch nicht einfach hier stehen lassen. In einer fremden Stadt. Obwohl, er hat ja schließlich einen Stadtplan …

»In welcher Richtung wohnst du?«, will er dann wissen.

»Ähm … so in nordöstlicher Richtung«, sage ich.

»Ah ja.«

Schweigen.

»Und du bist Fußballfan?« Ich weiß, die Frage hatten wir schon, aber mir fällt nichts, aber auch gar nichts anderes ein. »Ich meine, hast du einen Lieblingsclub oder so?«

»Das ist halt der Club aus meinem Heimatort. Früher hab ich da mal gespielt, als Junge. Jetzt mäh ich da noch ab und zu den Rasen und bring meine Kleinen zum Training. Da schau ich dann immer zu und bei Grillfesten bin ich der Grillmeister.«

Oh Mann! Lang halt ich das nicht mehr aus.

Wieder blicken wir in verschiedene Ecken der Kneipe. Lange. Sehr lange. Bis er endlich sagt, er müsse mal für kleine Fußballspieler. Puh. Bei aller Höflichkeit, es geht nicht länger! Ich krame mein Handy aus meiner Tasche und starre intensiv drauf, als er zurückkommt. Schnaufe tief, noch tiefer. Bis er endlich nachfragt, ob denn alles in Ordnung sei.

»Ich hab da ein Problem«, sage ich dann immer noch schwer seufzend und bemühe mich um einen zerknirschten Gesichtsausdruck. »Mein Freund hat mir gerade eben eine SMS geschickt. Er ist auf Geschäftsreise, sollte eigentlich morgen zurückkommen, ist jetzt aber doch heute schon zurück. Das heißt, ich muss leider schon um halb neun los.«

»Ah«, macht er bedrückt. Sieht auf die Uhr. »Das ist ja schon in einer halben Stunde.«

»Tut mir echt leid, damit hab ich nicht gerechnet, aber er ist schon am Flughafen.« Stimmt natürlich kein Wort, aber ich will ihn nicht verletzen. Schließlich hat er wegen mir auf ein Top-Fußballspiel verzichtet.

»Ah.« Jetzt wirkt er richtig geknickt.

»Vielleicht schaffst du's dann noch rechtzeitig zur Halbzeit?«

Ich winke dem Kellner. Andreas macht keinerlei Anstalten, aufzustehen. Verständlich, immerhin muss er noch zwei Stunden totschlagen. Wir zahlen. Dann sitzen wir da und blicken wieder in verschiedene Ecken.

»Gehen wir dann?«, schlage ich vor.

Er nickt, wir gehen. Endlich! Vor der Tür gibt er mir die Hand. »Tschüss dann.«

»Tschüss.«

Mit gesenktem Kopf und dem Stadtplan in der Hand marschiert er von dannen. Kein Fußball, kein Sex. Ich habe ein ziemlich schlechtes Gewissen. Aber eines tröstet mich: Bei dem Alibi kommt ihm seine Ehefrau bestimmt nicht auf die Schliche!

KENNEN WIR UNS NICHT?

Manfred, Nickname: jackconnor55

Profil: Nach vielen Jahren treuer Partnerschaft kann und will ich meine Neugier und mein Verlangen nach prickelnder Erotik nicht mehr unterdrücken. Absolute Diskretion ist mir wichtig, da ich meine Lebenssituation enorm schätze und nicht aufgeben möchte. Die Frau, die ich hier kennenlernen möchte, ist ein besonderer Mensch, auf ganz besondere Art attraktiv. Ein wenig sportlich sollte sie sein und intelligent und offen für Neues, außerdem sollte sie ein natürliches Selbstbewusstsein haben. Ich liebe den ganz besonderen, selbstbewussten Makel oder den außergewöhnlichen Vorzug, ein Funkeln in den Augen oder ein Lachen zum Verlieben.

Ich kenne diesen Typen. Irgendwoher kenne ich ihn. Aber woher?

Wir sitzen in einem kleinen spanischen Lokal und studieren die Karte. Manfred guckt ab und zu über den Kartenrand und lächelt mir zu. Ich lächle zurück. Ob er ebenfalls überlegt, woher wir uns kennen? Eigentlich sollte es doch ziemlich unwahrscheinlich sein, über ein Seitensprungportal einen Bekannten zu treffen, in etwa so wie ein Vierer im Lotto. Obwohl ... Immerhin werden die Angebote nach Postleitzahlen verteilt ...

»Hast du denn schon was gefunden, was dich anmacht?«, will Manfred wissen.

»Nee.« Ich hab auch noch gar nicht geguckt, nur überlegt. Er sieht nett aus, kurze dunkelblonde Haare, braune Augen, gute Figur, schick angezogen. Sehr gepflegt. Wirkt wie der Typ Mann, der morgens im Bad länger braucht als man selbst. Und vielleicht täusche ich mich ja auch und er sieht nur jemandem ähnlich, den ich kenne. Wahrscheinlich.

Es hat eine Weile gedauert, bis es mit unserem Date geklappt hat. Erst kamen Termine, dann die Ferien dazwischen. Erst fuhr er in den Urlaub, dann ich. Kurz darauf schickte er diese Mail: *Ist ja schon fast unheimlich, wie sehr sich unser Tun und unsere Ansichten decken. Jetzt, wenn du mir auch noch erzählst, dass du in Südtirol warst, wird's echt mystisch. Höchste Zeit, dass wir uns endlich kennenlernen. Ich bin eigentlich recht flexibel, was ein Treffen angeht, schlag am besten was vor.*

Was daran total unheimlich und mystisch und ein Höchstmaß an Übereinstimmung sein sollte, dass wir beide in den Ferien wegfahren, wie halb Deutschland vermutlich auch, hab ich nicht so ganz verstanden, aber gut ... Jedenfalls habe ich ihm dann den kommenden Montagabend als Termin vorgeschlagen. Und nun sitzen wir hier.

»Wie wäre es, wenn ich für uns beide einen Teller Tapas und zwei Gläser Wein bestelle?«, schlägt er vor.

»Klingt gut.«

Als der Ober mitsamt den Speisekarten verschwindet, beugt er sich über den Tisch und greift nach meinen Händen. »Ich wusste gleich, dass du ein Volltreffer bist«, säuselt er. »Das hatte ich so im Gefühl. Ich hatte gleich bei deiner ersten Mail so ein merkwürdiges Kribbeln im Bauch, wenn du weißt, was ich meine, ich konnte es zwischen den Zeilen herauslesen ...«

Oh ja, total mystisch ... Er streicht mit einem Finger über meine Hand. Ein schönes Gefühl.

Der Ober bringt den Wein. Wir trinken, dabei sieht mir Manfred tief in die Augen. Doch, irgendwie finde ich ihn anziehend.

»Und, wie hast du dir das heute Abend so vorgestellt?«, will er dann aufgekratzt wissen.

»Mal sehen, was so passiert«, sage ich.

»Das ist die beste Einstellung«, nickt er. »Ein Freund von mir ist übrigens gerade verreist und ich muss später noch seine Blumen gießen. Du könntest mich begleiten. Ihr Frauen habt doch alle einen grünen Daumen.« Er lächelt vielsagend.

Ich trinke einen Schluck Wein, mustere ihn. Ja, er gefällt mir. Ich könnte mir durchaus vorstellen, ihm beim Blumengießen zu assistieren.

Der Kellner bringt die Tapas. Ich angle mir eine ölig glänzende schwarze Olive. »Hast du schon viele Frauen übers Internet getroffen?«

»Einige«, nickt Manfred. »Bei drei Frauen blieb es beim ersten Treffen. Aber zwei waren richtig heiß.« Er grinst. »Eine war Holländerin. Die hatte unwahrscheinliche Kunststücke drauf, die war super gelenkig. Die andere war Hausfrau und Mutter, die wollte endlich mal ein bisschen an sich selbst denken. Und dabei stand ich ihr hilfreich und höchst selbstlos zur Seite.« Er grinst noch breiter. Wenn er grinst, hat er zwei Grübchen in den Wangen. Er ist süß. Nimmt sich eine Scheibe Serrano-Schinken und legt sie auf ein Stück Weißbrot.

»Und was ist mit deiner Frau?«

»Meine Frau und mich verbindet schon lange nichts mehr«, winkt er genervt ab. »Wir gehen getrennte Wege, leben nebeneinander her. Da ist nichts mehr als Stress.«

»Blöd«, nicke ich. »Und der Sex?«

Manfred greift nach einer Olive. »Da läuft nicht mehr viel. Sie macht mich auch nicht mehr an, lässt sich viel zu sehr gehen. Sie ist anders als ich und braucht keine Körperlichkeit.« Er sieht mich treuherzig an. »Aber soll ich deswegen leben wie ein Mönch?«

Ich seufze verständnisvoll.

»Hast du schon drüber nachgedacht?«, fragt er dann.

»Worüber?«

»Über das Blumengießen?«

»Könnten wir durchaus in Betracht ziehen«, gebe ich schmunzelnd zurück.

»Die Wohnung ist in der obersten Etage, man hat einen tollen Blick über die Stadt, wird dir gefallen.«

»Warst du da auch mit deinen anderen Dates?«

Manfred grinst schelmisch. »Mein Freund ist zum Glück geschäftlich viel unterwegs.«

Ich spüre, wie sein Fuß unter dem Tisch ganz langsam mein Bein entlangfährt.

»Und? Keinen Hunger?« Er legt seine Hand auf meine. Eine ungewöhnlich weiche Hand für einen Mann. Gepflegt bis in die Fingerspitzen.

»Doch.« Ich nehme ein Stück Brot aus dem Korb und drapiere den Schinken drauf. Führe es zum Mund, lasse es gleich wieder sinken. Gepflegt bis in die Fingerspitzen … In diesem Moment wird mir siedend heiß klar, woher ich diesen Mann kenne. Manfred ist der Ehemann meiner Kosmetikerin Gisele! Eine wunderschöne Frau, die so aussieht, wie sie heißt. Lange dunkle Haare, sinnliche Augen, zuckersüß.

Gisele reserviert mir netterweise immer Termine gegen Abend und zwei- oder dreimal kam ihr Mann ins Kosmetikstudio, um sie abzuholen. Dieser Mann, dem ich nun gegenübersitze. Shit!

Letzten Montag war ich noch bei ihr. Sie erzählte mir, dass sie jetzt einen Wohnwagen gekauft hätten und im Sommer damit durch Italien fahren würden, dass am kommenden Wochenende ihre Schwiegereltern zu Besuch kämen und sie vorher noch die ganze Wohnung sauber machen müsse, und dass die Firma ihres Mannes anscheinend von der Wirtschaftskrise verschont geblieben sei, immerhin habe ihr Mann derzeit so viele Geschäftsessen wie noch nie.

Eines dieser Geschäftsessen bin ich. Und jetzt? Ich kann nicht mit dem Mann meiner Kosmetikerin vögeln. Ich könnte ihr nie wieder in die Augen sehen. Und das wäre doch etwas komplizierter, beispielsweise beim Wimpernfärben. Außerdem kenne ich ihren kleinen Sohn, einen süßen, aufgeweckten neunjährigen Jungen.

Aber was heißt, sie macht ihn nicht an, sie lässt sich gehen? Spinnt der? Gisele ist eine der gepflegtesten, hübschesten und sinnlichsten Frauen, die ich kenne!

Er merkt, dass etwas nicht stimmt. »Was hast du denn?«

»Nichts.«

»Du schaust, als würde grade dein Freund zur Tür reinkommen«, scherzt er munter.

Ich schüttle nur den Kopf. Er greift wieder nach meiner Hand und streichelt sie. »Bist aufgeregt, oder? Aber du kannst mir vertrauen, es passiert nichts, was du nicht willst.«

Ich kann nichts sagen, entziehe ihm nur meine Hand, die er immer noch liebevoll tätschelt.

Was für eine blöde Situation! Ich habe Gisele immer dafür bewundert, wie sie Job und Familie unter einen Hut bringt und dazu stets noch topgestylt aussieht. Soll ich ihr von diesem Date erzählen? Ihr sagen, dass ihr Mann über das Internet Sex-Dates klarmacht und fremdgeht? Hab ich das Recht, ihr Leben zu zerstören? Aber hat sie nicht auch ein Recht darauf zu wissen, was ihr Mann treibt?

»Du siehst schlecht aus.« Manfred wird allmählich etwas unruhig. »Ist dir übel?«, fragt er. »Verträgst du was nicht? Hast du einen allergischen Schock?«, setzt er noch bemüht scherzhaft hinzu.

Ich sehe das immer fröhliche Gesicht von Gisele vor mir. »Ja«, nicke ich. »Mir ist übel. Ganz plötzlich, sehr übel.« Ich greife nach meiner Handtasche und stehe auf. »Sorry, aber es ist besser, ich geh jetzt.« Ohne auf eine Antwort zu warten, ohne mich noch einmal umzudrehen, haste ich aus dem spanischen Lokal.

Nach diesem Date liege ich die ganze Nacht wach und denke nach. Am nächsten Morgen beschließe ich dann, Gisele nichts davon zu erzählen. Allerdings habe ich das Kosmetikstudio gewechselt.

VOLLGAS-SEX

Michael, Nickname: ferrari007

Profil: Hi, mein Name ist Michael und ich suche eine Partnerin für ein erotisches Abenteuer und mehr: Bin für vieles aufgeschlossen und möchte einfach wieder guten Sex mit einer tollen Frau haben. Eine leidenschaftliche erotische Begegnung, das ist es, was ich suche, mich reizt es einfach, eine andere Frau kennenzulernen und sinnlich zu erspüren, das alles mit Diskretion und Leichtigkeit und einem rasanten Start. In einem »behüteten« Raum einfach eigene und fremde Träume erleben und ausprobieren, das ist für mich der Reiz dieser Zusammenkunft. Wenn du auf Vollgas-Sex stehst, melde dich! Bin generell ein Fan von allem, was mit Geschwindigkeit zu tun hat, und immer entsprechend schnell unterwegs. Beschäftige mich ansonsten mit vielen Themen von A wie Astronomie bis Z wie Zeitgeschichte, sowie mit Naturheilkunde, Meditation und asiatischer Kampfkunst.

Wir sind um 18 Uhr in einem etwas schmuddeligen asiatischen Stehimbiss verabredet. Zum ersten Beschnuppern, schlug Ferrari 007 vor. Damit wir beide gleich die Flucht ergreifen können, falls es zwischen uns nicht passt.

Meinetwegen. Wenn er so aussieht wie auf dem Foto in seinem Profil, werde ich ganz sicher nicht weglaufen. Erinnert mich ein kleines bisschen an Hugh Jackman. Genau mein Typ.

Es ist eng in dem Stehimbiss und es riecht stark nach Essen. Als ich reinkomme, sind alle drei Stehtische noch unbesetzt. Ich stelle mich an einen Tisch mit guter Sicht zum Eingang, ein freundlicher Kellner bringt mir die Karte und ein Glas Reiswein. Dann geht die Tür auf und ein Traumtyp kommt herein. Lass das Ferrari 007 sein, flehe ich inständig. Der Typ sieht sich suchend um, sein Blick bleibt an mir hängen. Ja! Komm her! Macht er tatsächlich. Lässig schlendert er auf mich zu. »Siena?«

Ich nicke. Er mustert mich von oben bis unten, ich ihn auch. Er sieht noch besser aus als auf dem Foto. Hat diesen leicht arroganten Du-interessierst-mich-überhaupt-nicht-Blick, auf den ich voll abfahre, eine athletische Figur und ein süßes Lächeln. »Hi«, sagt er mit angenehmer, tiefer Stimme.

»Und?«, frage ich und zwinkere ihm zu. »Willst du die Flucht ergreifen?«

»Und du?«, fragt er lässig zurück. Er ist einer der Männer, die ganz genau wissen, wie sie auf Frauen wirken.

»Nein.«

Er nickt nur zufrieden. »Hätte auch nicht damit gerechnet.«

Alles klar. Er winkt dem Kellner. »Bring uns zweimal Nummer 25«, bestellt er lässig.

»Was ist das?«

»Wirst schon sehen«, erklärt er knapp und zündet sich eine Zigarette an. Hm, in seinem Profil stand, er sei Nichtraucher …

»Wie viele Internet-Dates hast du denn schon getroffen?«, frage ich.

Er fixiert mich, lächelt dann kurz, pustet den Rauch in die Luft. »Rate«, sagt er dann.

Was soll das denn werden? »Keine Ahnung, zwischen zwei und zwanzig«?

»So in etwa«, nickt er.

»Was denn jetzt? Zwei oder zwanzig?«

Er beugt sich weit nach vorne, fasst unter mein Kinn, sieht mir tief in die Augen. »Und wenn ich dir sage, dass du die Erste bist?«, säuselt er dann.

Ja, klar. »Sag schon!«

Michael schüttelt nur den Kopf. »Ist doch egal.«

Der asiatische Kellner bringt für jeden zwei kleine Frühlings-rollen. Ich mag keine Frühlingsrollen, schiebe meinen Teller zu Michael. Schulterzuckend hievt er meine beiden Rollen auf sei-nen Teller und verspeist alle vier in Windeseile. An der rechten Hand trägt er einen Silberring, in seinem Profil stand ungebun-den. Aber laut Profil ist er ja auch Nichtraucher ...

»Hast du eigentlich eine Freundin?«

»Eine Verlobte, wir sind verlobt«, betont Michael und dreht an seinem Ring. »Sie ist supersüß und sehr sexy.«

»Warum suchst du dann andere Frauen?«

»Ihr wird im Auto schlecht.«

Hm. Okay. Sehe ich ein ... Wenn einer Frau im Auto schlecht wird, ist das natürlich ein verständlicher Grund, fremdzugehen! Sehr merkwürdig! Ich betrachte ihn aus den Augenwinkeln. Sieht eigentlich ganz normal aus. »Du nimmst mich auf den Arm, oder?«

»Nein, ist mein Ernst«, bestätigt er, ohne die Miene zu ver-ziehen. Als er die Frühlingsrollen bis auf den letzten Krümel ver-putzt hat, zählt er das Geld auf den Tisch. »Komm!«

»Wohin?«

»Du wolltest doch ein erotisches Abenteuer, oder?«

»Ja ...«

»Dann komm mit!«

Vor der Tür steht ein nagelneuer, feuerroter Sportwagen. Michael hält mir die Beifahrertür auf. »Steig ein!«

Ich zögere einen Moment, tue dann aber, was er sagt. Er sieht toll aus, ich will wissen, wie sich seine Küsse anfühlen, was er draufhat, ich steige ein. Kaum dass wir sitzen, gibt er Vollgas. So rasant, dass meine Handtasche von meinen Knien kippt und der Inhalt auf der Fußmatte landet: Geldbeutel, Wimperntusche, Kondome, Süßstoff. Ich sammle den Kram wieder zusammen und als ich den Kopf hebe, sehe ich, dass wir stadtauswärts düsen.

»Wo fährst du hin?«

»Richtung Vollgas-Sex«, grinst er. Er nimmt eine Hand vom Lenkrad und fährt über meinen linken Oberschenkel. Es kribbelt ein bisschen, es macht mich an. Meinetwegen können wir mit dem Vollgas-Sex sofort starten! Doch er zieht seine Hand wieder zurück und gibt ordentlich Gas. Jagt an Verkehrsschildern mit Geschwindigkeitsbegrenzungen vorbei, als gäbe es kein Strafregister in Flensburg.

Plötzlich steuert er mit voller Geschwindigkeit auf eine verlassene Tankstelle zu, zieht die Handbremse und schleudert so heftig in die Kurve, dass ich zur Seite falle. »Ist das geil, oder was!«, ruft er dabei. Kaum hab ich mich auf dem Sitz wieder so einigermaßen aufgerichtet, schleudert er in die nächste Kurve. Noch rasanter als vorher. Wow!

»Und? Wie ist es?«, ruft er dabei. Ich muss gestehen, dass es mir gefällt, sehr sogar. Mein Adrenalinspiegel steigt. Er gibt wieder Gas, bremst ab, schleudert in die Kurve. Er fährt zwar einen krassen Kamikazestil, aber er wirkt zugleich sicher. Und sieht dabei noch unverschämt gut aus. Der Beule in seiner Stoffhose nach zu urteilen, macht ihn das an. Mich auch. Er legt noch eine Vollbremsung hin, dann gibt er Gas und jagt weiter geradeaus.

»Fährst du immer so?«, will ich wissen.

»Ist mein Job«, grinst er vielsagend.

Welcher Job? Formel-1-Pilot? »Was machst du denn?«

»Autos testen«, erklärt er kurz.

»Wofür?«

Er grinst nur, antwortet aber nicht. Offenbar will er nichts von sich preisgeben. Auch gut.

Er biegt in einen kleinen, holprigen Feldweg ein und stoppt. Sieht mich an, beugt sich über mich und küsst mich. Heftig schnaufend, außer Atem. Gierig, verlangend, seine Zunge bewegt sich wie eine Schlange in meinem Mund.

Plötzlich lässt er mich los, steigt aus, reißt meine Tür auf, packt mich an der Hand und zieht mich aus dem Auto. Alles in einem rasanten Tempo. Er drückt mich auf die noch heiße Kühlerhaube, presst seinen Körper gegen meinen, küsst mich. Ich wehre mich, schiebe ihn weg. Das geht leider gar nicht! Die Kühlerhaube ist so heiß, dass ich nach dem Sex Brandblasen am Hintern hätte.

Er hat die Augen geschlossen, atmet stoßweise, reißt sich die Hose auf, sein Schwanz springt raus. Er trägt nichts drunter. Ich bin feucht, will mit ihm ficken, aber die heiße Kühlerhaube hat mich ein bisschen abgekühlt.

Er packt mich an der Schulter, zieht mich zur Seitentür. Ich stemme meine Arme dagegen, höre, wie es raschelt. Schwer atmend zieht er einen Gummi drüber, reißt meinen Rock hoch und rammt seinen Schwanz in mich hinein. Er stößt genau so zu, wie er vorher Auto gefahren ist: hart, heftig, fordernd, gut, immer schneller. Ziemlich ausdauernd. Er hat sich gut unter Kontrolle, hält das Tempo durch. Stößt und stöhnt immer heftiger. Ich auch. Ich komme, der Typ bringt mich zu einem wirklich geilen Orgasmus. Während ich zerfließe, stößt er immer weiter. Kurz bevor ich zum zweiten Mal komme, stöhnt er auf. Laut wie ein Tier. Wow! Er stöhnt beinahe so lange, wie er vorher zugestoßen hat.

Dann zieht er seinen Schwanz raus, schleudert das Kondom in die Büsche am Wegrand. Er holt eine Packung Tempotaschentücher und eine Wasserflasche aus dem Auto. Mit dem feuchten Taschentuch wischt er seinen Schwanz ab, dann zieht er die Hose hoch und reicht mir die Tempos. Während ich mich abwische, setzt er sich schon mal ins Auto und überprüft den Sitz seiner Haare, zieht einen farblosen Lippenpflegestift hervor und fährt damit sorgsam über seine Lippen. »Hast du's bald?«, ruft er mir zu. »Ich hab's ein bisschen eilig, ich hab noch einen wichtigen Termin.« Darf ich vielleicht vorher noch rasch meinen Rock richten?

Kaum habe ich ein Bein in der Tür, lässt er den Wagen an. Mit ähnlich rasantem Tempo wie vorher rast er zurück in die Stadt. Er sagt kein Wort mehr während der Fahrt. Aber mir ist auch so klar, dass dieses erotische Abenteuer eine einmalige Sache war. Jetzt weiß ich immerhin, was er meinte, als er sagte, dass er fremdgeht, weil es seiner Freundin im Auto schlecht wird …

TRAURIGES SCHAUSPIEL

Reiner, Nickname: sebastian200

Profil: Nun habe ich es also getan ... mich hier angemeldet. Nach vielen Jahren fester Partnerschaft möchte ich auf diesem Weg frischen Wind in mein Liebesleben bringen. Suche eine Frau, die neue Erfahrungen machen will, beziehungsweise ihr Liebesleben wieder in Schwung bringen möchte. Ich bin schon sehr gespannt, wem es da ähnlich geht und wer sich bei mir meldet. Ich bin nicht auf der Suche nach einer festen Beziehung, sondern möchte auf diesem Weg jemanden finden, der ähnliche Vorstellungen hat wie ich und sein Liebesleben noch nicht für abgeschlossen betrachtet. Auch wenn das hier eine Flirtbörse ist, ist es dennoch für mich sehr wichtig, dass ich die Frau, die ich kennenlerne, auch mag und wir uns sympathisch sind. Für mich macht die schönste Nebensache der Welt nur Spaß, wenn sich beide fallen lassen können und Vertrauen zueinander haben.

Sebastian heißt nicht wirklich Sebastian. *Ich habe den Sebastian genommen, weil das so ein schöner Name ist, jedenfalls viel melodischer als Reiner, wie ich im normalen Leben heiße. Ich hoffe jetzt einfach mal, dass es nicht nur der Name war, der mich interessant gemacht hat,* schrieb Reiner in seiner ersten Mail.

Er arbeitet als Bademeister und Wellnesstechniker, zieht liebend gern um die Häuser, *aber mit Frau, sieben Kindern und Hund ist das nicht so oft drin und in meinem Alter dauert dann auch die Regenerationsphase etwas länger. Momentan laborie-*

re ich an einer Sehnenentzündung im Knie – zu viel Laufen –, das tut bei dem schönen Wetter natürlich doppelt weh, da auch Mountainbiken der Genesung abträglich ist. So muss ich interessante Frauen eben sitzend am PC kennenlernen.

Sieben Kinder? Was ist das denn für ein Mann, der mit sieben Kindern Sex übers Internet sucht? Reiner sieht so aus, wie ich mir einen Wagner-Tenor vorstelle: blonde längere Haare, stechend blaue Augen, wilde Augenbrauen. Passt auch, Reiner ist tatsächlich Opernfan. Sagt er zumindest.

Wir haben uns vor der Oper verabredet. Reiner hat Karten besorgt, 11 Euro 50 für einen Stehplatz. Was anderes gab es seinen Angaben zufolge nicht mehr. Ich komme viel zu spät, weil ich in einem Stau hänge. Zwei Männer stehen wartend vor der Oper, keiner der beiden sieht aus wie der Mann auf dem Bild. Einer von ihnen kommt auf mich zu. »Siena?«

Ich nicke, mustere ihn. Er ist deutlich dicker als auf dem Foto, wirkt ein klein wenig schmierig und riecht auch nicht gerade angenehm. Ein bisschen nach Chlor. Kann ich mir aber auch nur einbilden, da er mir von vornherein unsympathisch ist.

Er wedelt auffordernd mit den Opernkarten. Wenn er nicht schon die Karten besorgt hätte, hätte ich auf der Stelle die Flucht ergriffen, aber gut … Wir gehen hinein.

»Ich hol uns was zum Trinken«, sagt er

»Okay.« Reiner lädt mich auf eine Cola ein, nimmt selbst ein Bier. Das Glas lässt er stehen und trinkt aus der Flasche – in der Staatsoper. Und steht dann mit einer üblen Bierfahne neben mir, die sich äußerst unangenehm mit dem penetranten Chlordunst vermischt. Gesprochen haben wir bisher noch kaum ein Wort. Er scheint ein wenig nervös, denn er hält sein angeschaltetes Handy in der Hand. Nein, so macht nicht einmal Oper Spaß. Ich bin erleichtert, als endlich Pause ist. Er checkt als Erstes sein Handy – obwohl er es die ganze Zeit in den Händen gehalten hat.

»Erwartest du einen Anruf?«, will ich wissen.

»Meine Frau«, nickt er und blinzelt mich verschwörerisch an. »Sie ist ein schlimmer Kontrollfreak, will immer wissen, wo ich bin.« Verständlich, die arme Frau hat vermutlich keine Lust, mit den sieben Kindern allein dazustehen!

Reiner stellt sich wieder bei den Getränken an, kommt mit einer Cola und einem Bier wieder. Wieder ohne Glas.

»Wie lange machst du das schon mit den Internet-Dates?«, frage ich ihn.

»Zwei Jahre, mit Unterbrechung …«, erzählt er munter. »Am Anfang hab ich die Beiträge für das Portal von meinem Konto abbuchen lassen und meine Frau hat einen Kontoauszug entdeckt. Puh!« Er verdreht die Augen. »Das gab richtig Mega-Stress, die Alte hat dann doch glatt auch noch in meinem Computer rumgeschnüffelt, war anstrengend.«

»Und dann?« »Dann hab ich ihr unser siebtes Kind gemacht und sie war beschäftigt.«

Ein echter Traummann! Er säuft wieder das Bier aus der Flasche.

»Jetzt hab ich das mit der Bezahlung anders geregelt«, erzählt er dann. »Alle Spuren verwischt!«

Ich betrachte ihn aus den Augenwinkeln und kann mir beim besten Willen nicht vorstellen, dass er schon mal jemanden zum Sex getroffen hat. Dass ihn jemand wollte …

»Und dann?«, frage ich.

»Das Portal hab ich dann natürlich auch gewechselt«, erzählt er. »Vorher war ich auf so Partnerschaftsseiten unterwegs, die Frauen wollten immer erst groß zum Essen ausgeführt werden. Dann hat mir ein Kumpel ein paar Seitensprungsportale empfohlen. Mein Profil steht auf vier verschiedenen Portalen.«

Er erzählt das mit einem gewissen Stolz in der Stimme, als würde es sich um eine ganz besonders verdienstvolle Leistung handeln. Während er spricht, schielt er immer wieder auf sein Handy.

»Und wie war das dann mit dem Sex?«, will ich wissen.

»Bestens«, prahlt er. »Es gibt so viele geile, unbefriedigte Weiber, meine Portal-Postfächer sind voll mit Zuschriften und Nacktfotos. Du hast die Riesenauswahl, ich komm mit Lesen gar nicht mehr nach.«

Nun ja. Einige Männer erhielten nach eigenen Angaben kaum Zuschriften, andere eine Riesenauswahl. Fraglich, welche Version zutrifft! Reiner hat sein zweites Bier geleert, die Oper geht weiter. Wir begeben uns wieder an unsere Stehplätze.

»Hast du die anderen Frauen auch in der Oper getroffen?«

»Klar«, nickt er. »Ist doch eine perfekte Location. Wenn mir die Frau nicht passt, sag ich ihr, dass ich mir die Füße vertreten will und verschwinde auf Nimmerwiedersehen.«

»Und du lässt die Frau einfach allein in der Oper stehen?« Ein wahrer Gentleman!

»Na und? Da hab ich doch keine Skrupel«, verkündet er munter. »Die Weiber wollen doch alle nur das eine, wollen nur mal wieder richtig durchgenudelt werden und das bekommen sie von mir besorgt.«

Sein Handy blinkt. Zum Glück hat er es auf lautlos gestellt. »Das darf doch nicht wahr sein, meine Alte sucht mich schon wieder«, verkündet er kopfschüttelnd.

Mir reicht's jetzt. Ich hab genug. Ich überlege, ob ich den Spieß umdrehe und einfach verschwinde.

Dieser Reiner alias Sebastian ist einfach nur peinlich und ausgesprochen unangenehm. Ich bin voller Mitleid für seine Frau, die sieben Kinder und den Hund. Aber dann bleibe ich doch und höre die Oper bis zum Ende an.

Kurz vor Schluss blinkt sein Handy noch einmal. Mit jedem Blinken wird Reiner nervöser. Er fasst sich an den Hals, dreht sich mir zu. »Schon okay«, sagt er wenig überzeugend. Dann endlich fällt der letzte Vorhang.

Reiner packt mich am Arm. »Du, Siena, würde es dir was ausmachen, wenn du weit hinter mir rausgehst? Und so tust, als würdest du mich nicht kennen?« Er schaut sich nervös um, während er spricht.

»Nee, macht mir nichts aus.« Im Gegenteil!

»Cool«, murmelt er und umfasst sein Handy.

»Was ist denn eigentlich los?«, will ich jetzt doch wissen.

»Meine Alte ist hier«, raunt er mir ins Ohr. »Die hat doch glatt mein Handy orten lassen, ich fass es nicht.«

Kopfschüttelnd bahnt er sich einen Weg durch die Menschenmenge. Ich gehe ihm hinterher. Diese Frau will ich sehen! Draußen wird's ziemlich unübersichtlich. Überall wuseln Menschen herum. Ich verliere Reiner einen Moment lang aus den Augen. Dann erkenne ich seinen blonden Schopf in der Menge. Mit hängenden Schultern steht er vor einer Frau. Sie trägt ein schlichtes Trägerkleid, hat einen kurzen dunklen Pagenschnitt, ist kräftig gebaut, aber nicht unattraktiv. Sie redet wild gestikulierend auf ihn ein. Er nickt immer nur. Mit jedem Nicken zieht er den Kopf tiefer zwischen die Schultern. Das personifizierte schlechte Gewissen …

Ich schaue mir dieses traurige Schauspiel noch einen Augenblick an, dann wende ich mich ab und gehe. Männer mit sieben Kindern sollten echt besser zu Hause bleiben!

BAUER SUCHT FRAU

Maximilian, Nickname: checker_754

Profil: Hallo Traumfrau, bist du noch auf der Suche oder hast du einfach Lust auf mehr? Ich bin Sternzeichen Löwe und liebe es zu jagen, zu entdecken, zu erobern, zu leben und zu genießen. Ich kann dir alle Facetten bieten, vom eleganten Gentleman bis zum rustikalen Burschen. Bin leidenschaftlich und flexibel im Horizont und Radius. Bin super gebaut und habe vor nichts Angst. Außer dass mir der Himmel auf den Kopf fällt. Grins. Ich mach Ski-touren, spiel Tennis, geh surfen, spiel Golf, jaja, ich kenn die doofen Witzchen … Wenn unsere Vibrations passen, dann kann alles Mögliche passieren. Also, Mädels, traut euch und meldet euch!

Ich stehe hier irgendwo im Grünen, wo sich Fuchs und Hase Gute Nacht sagen. Hinter mir liegt ein kleiner Ort mit ein paar Häusern, vor mir erstrecken sich nur weite Wiesen und Mais-felder, ab und zu erhebt sich ein Gehöft.

Ich mag nix mit Stahl-, Glas-, Chrom- oder Neon-Atmosphäre. Wie wäre es, wenn wir uns auf dem Land treffen, ein Picknick im Kornfeld machen und sehen, was dann passiert. Vertrau mir und lass dich von mir verwöhnen, Süße! Wirst es nicht bereuen!, hatte Max in seiner letzten Mail geschrieben. Von Neon oder Chrom ist hier tatsächlich weit und breit nichts zu sehen. Ich hab mich zweimal verfahren, bis ich das Nest gefunden habe. Trotz Navi!

Max ist noch nicht da. Dabei ist es schon gut zehn Minuten später, als wir verabredet haben. Wenn er mich hier rausfahren lässt und dann nicht kommt, werde ich echt sauer! Wehe ich hab den weiten Weg umsonst gemacht!

Auf dem Bild in seinem Profil sieht Max sehr gut aus. Halb-lange blonde Haare, die ein wenig über sein Gesicht fallen, durchtrainierter Oberkörper, genau so, wie man sich eine Sports-kanone vorstellt.

Auf einmal höre ich ein ungewöhnliches Knattern hinter mir. Ich fahre herum. Direkt hinter meinem am Wegesrand geparkten Auto hält ein Traktor. Offenbar stehe ich im Weg. Na gut. Ich will einsteigen und meinen Wagen wegfahren, da höre ich mei-nen Namen. »Siena!«

Ich drehe mich um. Irgendwie scheint die Stimme von diesem Traktor zu kommen. Hinter dem Lenkrad sitzt ein schmächtiger Mann mittleren Alters mit tief ins Gesicht gezogenem Basecap. Woher bitte schön kennt dieser Typ meinen Namen? »Ja?«

»Ich soll dich hier abholen«, erklärt der Mann mit leiser Stim-me. Hm, merkwürdig, denke ich bei mir. Wieso holt mich Max nicht selbst ab? Aber gut. Vielleicht ist er ja gerade noch dabei, das Picknick herzurichten. Ich raffe meinen Rock hoch und klet-tere mühsam auf den Nebensitz des Traktors. »Hi.«

Kaum hocke ich oben, lässt der Mann den Traktor an und knattert los. Ich sitze neben ihm, die Mais- und die Rapsfelder ziehen höchst idyllisch an uns vorbei und ich komme mir ein bisschen vor wie in der TV-Sendung *Bauer sucht Frau*, höre fast schon Inka Bauses Stimme im Off: »Der schüchterne Bauer Jo-hannes fährt seine tierliebe Auserwählte zu seinem Hof, um sie seinen hoffnungsvollen Eltern vorzustellen …«

Der Typ neben mir sagt kein Wort. Schon ein bisschen seltsam. »Du bringst mich zu Max, oder?«, erkundige ich mich dann. Der Typ schweigt, vielleicht hat er ja auch meine Frage nicht ge-hört, weil der Traktor zu laut ist. Na gut. Dann eben nicht! Wir müssen uns nicht unterhalten.

Der Typ gibt Gas. Statt zwanzig fahren wir jetzt bestimmt dreißig. Vorbei an schier endlosen Feldern und Wiesen. Ich sitze unbequem und reiße mir an meinem Sitz eine fette Laufmasche in meine Nylons. Super!

»Dauert es noch lange?«, frage ich den Traktorfahrer. Der sagt wieder kein Wort, schüttelt nur den Kopf. Er scheint nervös zu sein, denn er hält das Lenkrad so fest umklammert, dass seine Fingerknöchel weiß hervortreten. Ein unangenehmer Typ. Hoffentlich sind wir bald da!

Nach der nächsten Kurve biegt er rechts ab und tuckert einen kleinen Feldweg entlang, der zu einem kleinen Wäldchen führt. Wir fahren bis ans Ende des Weges und halten vor einer ausgebreiteten Decke.

Etwas unbeholfen klettere ich vom Traktor, doch beim Anblick des Picknicks hellt sich meine Stimmung sofort wieder auf. Wow! Zwei Flaschen Champagner in Kühlboxen. Silberbesteck, Stoffservietten, Krabbencocktail in hohen Gläsern. Nicht schlecht! Max hat sich das richtig was kosten lassen! Das scheint der »elegante Gentleman« in ihm zu sein, das »Rustikale« war wohl auf die Anfahrt mit dem Traktor gemünzt.

Ich knie mich auf die Decke. Der Fahrer setzt sich neben mich. Er öffnet den Champagner und gießt mir ein Glas ein. Er selbst trinkt nichts. Ich nippe an dem köstlich kühlen Tropfen. Perfekt! Eine meisterliche Inszenierung eines Dates. Fehlt nur noch eine Kleinigkeit, nämlich die Hauptperson.

»Und wann kommt nun Max?«, will ich wissen. Der Typ neben mir sagt nichts, sieht mich nur aus großen, wasserblauen Augen an.

Ich blicke auf die Uhr. Eigentlich sind wir seit einer Dreiviertelstunde verabredet! Aber gut. Immerhin hat er dieses Picknick vorbereitet. Nette Idee! Der schweigsame Typ neben mir schiebt mir einen Krabbencocktail hin.

»Nee, danke, ich warte noch, bis Max kommt!« Mein Begleiter nimmt sein Basecap ab und kratzt sich am Kopf. Er hat kurze braune Haare, scheint angespannt zu sein.

Ich bin langsam etwas angenervt, trinke mein Glas leer. »Was soll das werden? Wenn Max nicht mehr kommt, sag es einfach!«

Mein Begleiter nickt.

»Das heißt also, Max kommt nicht?«, interpretiere ich sein Kopfnicken. Eine Unterhaltung mit dem ist schwieriger als mit einem Goldfisch. »Ist ihm was dazwischengekommen?« Ist ihm der Himmel auf den Kopf gefallen? Hätte er das nicht vorher sagen können? Dann hätte ich mir die Fahrt in dieses Kaff gespart!

Ich will aufstehen, mein Begleiter greift nach meinem Arm, hält mich zurück. »Was ist?«

»Warte mal, ich muss dir was erklären.« Er kann also doch in ganzen Sätzen sprechen! Der Typ holt tief Luft. »Ich bin Max«, sagt er dann und sieht mich treuherzig an.

Oh! Ich bin so geplättet, dass ich mich wieder hinsetze. Dieser schweigsame, verschüchterte Typ soll der coole Checker Max sein? Der alle Facetten zu bieten hat? Und auf dem Foto in seinem Profil lange blonde Haare und einen durchtrainierten Body präsentiert?

»Willst du mich verarschen?«

Der schmächtige Kerl zuckt hilflos die Schultern. »War nicht meine Idee«, presst er dann hervor. »Mein Kumpel Reini hat mich bei diesem Portal angemeldet.«

Er sieht mich jetzt so zerknirscht an, dass er mir beinahe leid tut.

»Aber alle Angaben in deinem Profil sind doch falsch, das Foto auch, was wolltest du, oder besser, was wollte Reini damit bezwecken?«

Max setzt sich wieder sein Basecap auf. »Er meinte, so würde es besser klappen mit den Frauen. Und wenn sie erst mal hier wären, so mit dem Picknick und dem Schampus …«

164

Wow! Dieser Reini kennt sich echt aus! Ich steh auf. Und dafür fahr ich so weit in die Pampa! Um einen Typen mit einem völlig gefakten Profil zu treffen! Es kommt immer mal wieder vor, dass ein paar Angaben nicht ganz zutreffen, Körpergröße oder Gewicht, aber dass alles nur Fake ist, hatte ich bisher noch nicht.

An seinem Finger glänzt ein goldener Ehering. »Weiß deine Frau davon?«, frage ich.

Er schüttelt vehement den Kopf. »Nein, natürlich nicht.«

»Und ist dein Plan schon mal aufgegangen?«

»Ja«, antwortet Max knapp.

Er erhebt sich etwas zögerlich, nähert sich mir. »Und ich gefall dir gar nicht?« Er greift nach meiner Hand.

Ich entziehe mich seiner Berührung. »Das mit dem Picknick war superlieb von dir«, beginne ich möglichst diplomatisch. »Nichts gegen dich, aber du bist halt nicht mein Typ.«

Max nickt vor sich hin. »Kannst du mich jetzt zurück zu meinem Auto bringen?« Max schüttelt den Kopf.

Ich sehe ihn etwas verständnislos an. »Wie?«

»Es ist spät, ich muss nach Hause«, sagt er nur und beginnt, die Picknickutensilien wieder in den Korb zu räumen.

»Und wie soll ich bitte zu meinem Auto kommen?«

Max zuckt nur mit der Schulter. »Wirst schon klarkommen!«, meint er lapidar.

Super! Langsam werde ich wütend. »Du kannst mich doch mit deinem Traktor schnell wieder zurückbringen, wo ist das Problem?«

Ungerührt packt Max weiter ein. »Das geht nicht, ich will nicht, dass uns jemand sieht … Meine Frau ist sehr eifersüchtig und würde mir die Hölle heiß machen.«

So ein Arsch! Auf der Hinfahrt mit der Aussicht auf Sex war ihm egal, ob ihn jemand mit mir sieht, jetzt, da er weiß, dass es nichts wird, wird er auf einmal vorsichtig. Auch die Story mit Kumpel Reini kaufe ich ihm jetzt nicht mehr ab.

»Ich weiß nicht mal, in welche Richtung ich gehen muss!«

Max schließt den Picknickkorb und zeigt nach vorne. »Erst geradeaus, dann rechts, dann noch ein Stück und schon bist du bei deinem Auto. Und tschüss!«

Der Typ macht ernst. Er steigt mitsamt Picknickkorb auf seinen Traktor, lässt den Motor an und lässt mich ungerührt stehen. Blickt sich nicht mal um!

Ich bin stocksauer. Meine Absätze bohren sich tief in die Erde, während ich wütend Richtung Straße marschiere. Nach einer halben Stunde Fußmarsch bin ich endlich wieder bei meinem Auto. Checker_754 war der Reinfall mit der längsten Anfahrt.

ABGEBLITZT

Rafael, Nickname: raffi_200

Profil: Hallo meine Unbekannte, ich stehe gefestigt und erfolgreich im Leben und suche das Stückchen »mehr«, das Besondere, Außergewöhnliche und Vertrauliche, das vielleicht gerade uns beide verbinden wird. Hilfst du mir dabei, meine vernunftgesteuerte Seite zu ignorieren und eine Weile das Gefühl regieren zu lassen? Meine Wunschvorstellung wäre eine Frau, die gern mal einige Stunden zu zweit verbringen möchte, oder wenn mehr Zeit sein sollte, auch mal Lust auf einen sportlichen Tag mit einer Übernachtung hat. Nicht schrecken lassen von meiner Kondition! Wer mich kennt, weiß, dass ich mich an das Tempo des anderen anpasse, und ihn nicht dränge. Ich bin auch offen für Vorschläge und Unternehmungen. Jeder sollte aber die Privatsphäre des andern berücksichtigen! Bin eine enge Beziehung mit meiner Frau gewohnt, will das auch mit dir, meine Unbekannte. Suche eine Nichtraucherin, die humorvoll und weltoffen ist. Wenn du Fleisch bestenfalls als Beilage betrachtest, wäre es ganz optimal.«

Es ist ein Date, auf das ich mich freue. Rafael sieht auf seinem Foto sehr gut aus, groß, schlank, dunkelbraune kurze Haare, blaugraue Augen, rasiert. Wir haben ziemlich viel gemeinsam, uns lange, sehr nette Mails geschrieben und eine gemeinsame Bergtour mit Übernachtung auf der Hütte geplant.

Ich hoffe, du stehst auf Outdoor-Aktivitäten, hat er geschrieben. *Wenn ich nicht im Büro sitze, bin ich fast nur draußen unterwegs. Wir könnten zusammen die Alpen erobern, wenn du*

möchtest, und uns nach einem langen Wandertag gegenseitig mit
Massagen verwöhnen.

Er arbeitet in einem Familienunternehmen, kümmert sich um Finanzen, Marketing und Computeradministration und macht mir sogar ein Stellenangebot: *Ich suche eine Partnerin, die ebenfalls viel gemeinsam unternehmen will und möglichst auch mit mir mitreisen möchte. Wir können uns auch über eine Anstellung in meiner Firma unterhalten, wenn so etwas für dich in Frage käme …* Ich suche zwar keinen Job, finde es aber trotzdem irgendwie rührend …

Jetzt endlich hat es auch mit einem Date geklappt und es verspricht, ein richtig guter Abend zu werden. Mit ein oder zwei vorfreudigen Schmetterlingen im Bauch warte ich vor dem mexikanischen Lokal, in dem wir uns verabredet haben. Ich überlege schon, welche vegetarischen Gerichte auf mexikanischen Speisekarten stehen.

Endlich kommt er. Schlendert lässig auf mich zu. Zu den beiden Schmetterlingen in meinem Bauch gesellt sich ein dritter, so unverschämt gut sieht er aus: breite Schultern, muskulöse Arme, markante Wangenknochen und ein unheimlich sinnlicher Mund.

Dann steht er vor mir. Er hat die Hände in den Hosentaschen versenkt, mustert mich. Ich versuche, seinen Blick zu deuten und strecke ihm meine Hand entgegen. »Hi, ich bin Siena«, stelle ich mich vor.

»Hi, Siena.« Seine Hände stecken noch immer in seinen Hosentaschen.

Wollen wir reingehen?«, schlage ich vor und will mich in Bewegung setzen, doch Rafael schüttelt den Kopf.

»Nee, lass mal.«

Was soll das denn heißen? Will er gleich zur Sache kommen? Mir soll's recht sein, er sieht klasse aus. »Woandershin?«, frage ich nach.

Rafael schüttelt den Kopf. »Sorry, Siena, aber du bist überhaupt nicht mein Typ. Das passt nicht. Ich steh auf superschlanke, kurzhaarige Frauen mit dunklen Haaren, nicht auf so was wie dich.«

So was wie mich. Puh! So ein Arsch! Und zu blöd, dass er genau mein Typ wäre!

»Ich sag's dir lieber gleich, bevor wir beide Zeit verschwenden. Ich bin für klare Worte.« Er nickt mir noch kurz zu. »Viel Erfolg weiterhin bei der Suche. Mach's gut.«

Damit schlendert er genauso lässig, wie er gekommen ist, wieder davon. Na super!

Ich stehe vor dem Mexikaner und überlege, wie ich mich jetzt eigentlich fühle. Verletzt? Beleidigt? Beides zusammen? In jedem Fall bin ich echt frustriert.

Niedergeschlagen steige ich in mein Auto und mache mich auf den Heimweg. Meine Wohnung befindet sich am anderen Ende der Stadt. Jetzt bin ich den ganzen langen Weg auch noch umsonst gefahren! Als ich endlich zu Hause ankomme, ist es noch nicht einmal halb neun. Was kann ich nur mit diesem verdorbenen Freitagabend anfangen?

Aus purer Langeweile setze ich mich schließlich wieder an den PC. Vielleicht hat ja sonst noch jemand Zeit. Heute Abend bin ich weniger wählerisch, ich suche nur jemanden, der mich davor bewahrt, deprimiert in meiner Wohnung zu versauern. Nach wenigen Klicks entscheide ich mich für einen Mann, dessen Profil und Anfragen ich bisher ignoriert habe: Adrian alias himmelsmacht_27. Von ihm gibt es kein Foto, aber viel schlimmer kann der Abend ja nicht werden …

FÜR IMMER UND EWIG

Adrian, Nickname: himmelsmacht_27

Profil: Hallo, du unbekanntes Wesen, vielleicht suchst du einen wie mich, der den Punkt trifft. Ich bin ein gebildeter, gutaussehender, selbstbewusster und verschmuster jugendlicher Typ. Ich lache gern, besitze Charme und Leidenschaft und bin auch sexuell erfahren – lerne aber auch gern dazu. Ich bin schlank, habe dunkelgrüne Augen, lange Wimpern, ein gepflegtes Äußeres, schöne Hände und weiße Zähne – ich bin Nichtraucher – und ich unterhalte mich gerne über »alles und jeden«. Ich bin ein verschmuster, zärtlicher, liebevoller Mann, sexophil und weiß, wie ich dich als Prinzessin verwöhnen muss, damit du mich nicht mehr gehen lässt. Außerdem massiere ich gerne, besonders die Yoni- und Tantramassage beherrsche ich gut. Ich darf dir noch versichern, dass ich dich nicht einengen würde und du dich trotzdem jederzeit auf mich verlassen kannst. Gerne würde ich zusammen mit dir all das Schöne erleben – eine erotische Berührung, einen anregenden Talk oder heißblütiges Verlangen.

Keine Ahnung, warum ich auf dieses Profil bisher noch nicht reagiert habe, vielleicht, weil ich erst überlegen musste, was denn »sexophil« sein könnte, und was eine »Yoni-Massage« … Und was genau Adrian mit dem Satz meint, ich könne mich immer auf ihn verlassen, schien mir auch etwas unklar, zumal wir hier über Sex verhandeln, nicht über eine Lebensversicherung. Erst gestern hatte Adrian mir wieder eine Nachricht geschickt. *Warum schweigst du? Bitte melde dich! Viele versäumen das kleine Glück, weil sie auf das große vergeblich warten ... willst du mir denn gar nicht antworten ... nicht mal einen kurzen Satz? Ich bin weder entstellt noch schwer krank und kenne den Grund deines Schweigens nicht. Ignoriere mich oder erteile mir deine Absage, aber tue bitte irgendwas, damit ich wenigstens weiß, dass du existierst. Dass du kein Fake bist, um Männer für das Portal anzuwerben! Ruf mich bitte, bitte an!*

Und genau das tue ich jetzt! Dieser Adrian scheint genauso frustriert zu sein wie ich in diesem Moment, das passt doch! Ich wähle seine Nummer, denke aber in diesem Moment unvorsichtigerweise nicht daran, meine eigene Handy-Nummer zu unterdrücken, was sich noch als großer Fehler herausstellen sollte.

»Ja, hallo?« Seine Stimme klingt männlich, tief.

»Hi Adrian, hier ist Siena, aus dem Internet, du hattest mich angeschrieben ...«

»Wunderbar«, unterbricht er mich gleich euphorisch. »Wie wunderschön, dich endlich zu hören, wie geht es dir ...«

Ich habe keine Lust, mit ihm am Telefon zu plaudern. »Hast du eventuell grade Zeit?«, frage ich daher einfach ins Blaue hinein.

»Für dich immer!«, kommt es wie aus der Pistole geschossen zurück. »Wann und wo?«

Hm. Er kennt mich nicht, ich habe auf keine seiner Mails geantwortet, aber gut ... ich gebe ihm die Adresse eines Italieners durch. Er meint, er könne in einer halben Stunde dort sein. Ich setze mich ins Auto und fahre los.

Zur vereinbarten Zeit stehe ich an diesem Abend zum zweiten Mal vor einem Lokal und warte. Ich überlege, wie er wohl aussieht. Einen zweiten Reinfall an diesem Abend kann ich jedenfalls nicht gebrauchen, nachdem Rafael mich so abblitzen lassen hat.

»Du musst Siena sein«, sagt eine Stimme hinter mir.

Ich drehe mich um und nicke. Adrian ist groß, gut zwei Köpfe größer als ich. Er hat eine durchtrainierte Figur, ein gebräuntes

Gesicht, einen leichten Dreitagebart, kurze braune Haare und grüne Augen. Er sieht gut aus, er gefällt mir, wird vielleicht doch noch ein netter Abend. Wir setzen uns an einen Tisch in eine Ecke. Er bestellt Rotwein, beugt sich nach vorne, nimmt meine Hand. »Ich hab so lange auf dich gewartet«, flüstert er dabei zärtlich.

Auf mich gewartet? Ich hatte auf keine seiner Mails reagiert. Ob er mich mit einer anderen verwechselt?

»Ich wusste, es wird großartig, wenn wir uns treffen.« Er sieht mir tief in die Augen. Er hat einen komischen Blick. Stechend, prüfend. Irgendwie merkwürdig. Ich ziehe meine Hand zurück. »Hast du denn schon viele Frauen getroffen?«

Er nimmt wieder meine Hand. »Du bist die Erste, die Einzige, ich hab auf dich gewartet, ich will keine andere.«

Aha, klar ... »Weiß deine Frau, dass du Internet-Dates hast?« Der Kellner bringt den Wein, ich ziehe meine Hand wieder weg.

Er lächelt. »Es gibt keine Frau, ich habe auf dich gewartet«, sagt er und sieht mich dabei wieder mit diesem komischen, prüfenden Blick an.

»In deinem Profil steht aber, dass du verheiratet bist?«

»Das habe ich nur geschrieben, damit du dich nicht erschreckst.« Er rückt mit seinem Stuhl näher an mich heran.

Das wird ja immer besser. Langsam wird mir der Typ unheimlich. Hört sich völlig gaga an, was der hier erzählt!

»Was machst du beruflich?«, lenke ich ab.

»Ingenieur in der Propellerfertigung. In leitender Stellung, sodass ich mir meine Zeit gut einteilen kann, damit wir immer zusammen sein können.« Er rückt noch näher zu mir heran.

Geht's noch? Ich werde jetzt meinen Wein trinken und verschwinden. Das wird mir etwas zu merkwürdig.

»Ich will alles von dir wissen, allerliebste Siena: wo du zur Schule gegangen bist, wann du deine erste Kinderkrankheit hattest, deine Schuhgröße, deinen ersten Kuss, alles.«

Wo ich zur Schule gegangen bin? Kinderkrankheit?

»Und über Weihnachten fahren wir beide zusammen in die Türkei, da ist es schön warm.« Dazu wieder dieser unheimliche stechende Blick, unter dem Tisch drückt er seinen Oberschenkel gegen meinen. Nee, das reicht mir! Dieser Typ ist mir ein bisschen zu abgedreht. Komisch, er sieht eigentlich ganz normal aus. Mit einem Mal habe ich ein ganz eigenartiges Gefühl in der Magengegend. Hastig trinke ich das Glas leer. »Es ist schon spät, ich muss gehen.« Ich will aufstehen, er ist schneller, packt mich am Arm, sanft, aber bestimmt und zieht mich wieder zurück auf den Stuhl.

»Bleib doch noch ein bisschen!« Wieder dieses merkwürdige, leicht bedrohliche Funkeln in seinen Augen.

»Wir können uns ja ein anderes Mal wieder treffen«, schlage ich vor, natürlich ohne die geringste Absicht zu haben, diesen Mann jemals wiederzusehen. Er zahlt, wir gehen. Ich bin erleichtert. Draußen will ich mich möglichst rasch von ihm verabschieden, ich reiche ihm die Hand. »Also dann, ich melde mich bei dir.«

Er legt seinen Arm um meine Schulter. »Ich begleite dich zu deinem Auto, mein Schatz.«

Mein Schatz? Ich will nicht, dass er mich begleitet. Warum auch? »Musst du nicht!«

»Mach ich doch gern.« Sein Griff um meine Schultern wird fester und macht ganz deutlich klar, dass er sich nicht so leicht abschütteln lässt.

Mist! Und jetzt? Irgendwie will ich nicht, dass er mein Auto sieht, meine Autonummer kennt.

»Wo stehst du? Rechts oder links?«

Aber ich habe wohl keine Wahl.

»Da vorn.«

Er hakt sich bei mir unter, wir gehen wie ein altes Ehepaar zu meinem Auto. Ich öffne die Tür, will möglichst rasch einsteigen. »Also, tschüss, dann!«

Doch er hält mich fest, schlingt die Arme ganz eng um mich und drückt mich so heftig an sich, als wären wir sehr vertraut und hätten uns Jahre nicht gesehen. Geradezu krampfhaft. Minutenlang hält er mich so umschlungen. Dann endlich lässt er mich los und ich beeile mich, ins Auto zu steigen.

Ich geb Gas, blicke noch einmal in den Rückspiegel. Nichts zu sehen. Er ist weg. Gott sei Dank. Er hatte etwas Unheimliches an sich. Ich drehe meinen CD-Player lauter und fahre nach Hause.

An der letzten roten Ampel vor meiner Straße blicke ich in den Rückspiegel und erstarre. Er. Adrian ist im Auto direkt hinter mir. Ist er mir gefolgt?

Quatsch! Wahrscheinlich nur ein Zufall! Vermutlich muss er einfach nur in die gleiche Richtung. Bestimmt fährt er geradeaus weiter, wenn ich jetzt abbiege, versuche ich mir einzureden. Macht er aber nicht.

Er fährt nicht geradeaus, er biegt ebenfalls ab. Folgt mir. Ganz dicht. Beinahe Stoßstange an Stoßstange. Verdammt. Noch zwei Häuserecken, dann wäre ich eigentlich zu Hause angekommen. Aber ich will nicht, dass er weiß, wo ich wohne.

Etwas hektisch gebe ich Gas, fahre mit siebzig in einer Dreißiger-Zone, er mir nach. Ich biege in die nächste Straße, dann in die übernächste, dann wieder in die nächste, nach einer Weile kann ich ihn endlich abschütteln. Jedenfalls ist er nicht mehr hinter mir.

Mein Auto parke ich sicherheitshalber einen Häuserblock von meiner Wohnung entfernt und schleiche an den Häuserfassaden entlang zum Eingang. Husche hinein und verschließe die Tür gleich zweimal.

Am nächsten Morgen ist die Panik des vergangenen Abends wieder einigermaßen vergessen. Ich schalte meine Kaffeemaschine an und mein Handy. Fünf Anrufe in Abwesenheit und drei neue Nachrichten leuchten mir auf dem Display entgegen.

Oh nein! Immer der gleiche Absender. Adrian.

Es war ein wunderschöner Abend mit dir, Siena, dein Adrian …

Ich freue mich schon sehr auf unser Wiedersehen, dein Adrian …

Warum gehst du denn nicht an dein Telefon, ich verzehre mich danach, deine Stimme zu hören, dein Adrian.

Ich lösche alle Nachrichten und Adrians Nummer dazu und mache mich fertig fürs Büro. Beim Rausgehen stolpere ich beinahe über einen riesigen Strauß blutroter Rosen, der dicht vor meiner Wohnungstür liegt.

Ich liebe dich für immer und ewig, dein Adrian, steht auf einem kleinen, ebenfalls roten Kärtchen. Ich stecke den kompletten Rosenstrauß kopfüber in den Mülleimer.

Keine drei Minuten später piept wieder mein Handy. *Hast du dich über meinen kleinen, lieben Gruß gefreut? Dein Adrian*

Langsam werde ich nervös. Löschen, vergessen. Es vergeht keine Stunde und es kommt die nächste SMS von ihm. *Du bist mein heller Stern in dunkler Nacht, dein Adrian.*

So geht es den ganzen Tag, eine SMS nach der anderen. Hat der denn gar nichts anderes zu tun? Am Nachmittag mache ich mein Handy aus, das permanente Gepiepse ist einfach unerträglich. Ich ärgere mich tierisch über mich selbst. Wie konnte ich nur so unvorsichtig sein, ihn unter meiner Nummer anzurufen? Einen komplett durchgeknallten Typen!

Als ich an diesem Tag nach Hause komme, liegt eine Pralinenschachtel in Herzform vor meiner Wohnungstür. *Was Süßes für meine Süße, von deinem Adrian*, steht auf einem Kärtchen dabei. Ich packe den Kram und stecke ihn zu den Blumen in den Mülleimer.

Es klingelt. Ich zucke zusammen. Mein Herz pocht. Was, wenn er es ist? Ich schiele durch das Guckloch. Ist zum Glück nur die Nachbarin, die ein Paket von einem Versandhaus für mich angenommen hat. Macht die Situation aber nicht besser, ich merke, wie nervös ich bin.

In der Zwischenzeit wieder drei SMS: *Mein Herz ist für immer dein, dein Adrian ...*

Ich bin immer bei dir, dein Adrian ... und

Mein Leben liegt in deinen Händen, dein Adrian.

Die letzte SMS macht mir richtig Angst. Was soll das denn heißen? Vorsichtig schiebe ich die Vorhänge zur Seite und schiele auf die Straße. Was, wenn er mir unten auf der Straße auflauert? Mich überfällt? Mich entführt? Durch meinen Kopf rattern Szenen aus Horrorfilmen. Mir wird abwechselnd heiß und kalt.

Völlig irrational, aber trotzdem. Jeder kann sich in diesen Portalen anmelden und als jemand ausgeben, der er nicht ist, ob Polizeibeamter oder Schwerverbrecher. Jetzt werde nicht hysterisch, Siena! Ich lasse Wasser in die Badewanne, schließe das Badezimmer hinter mir ab, was ich sonst nie tue. Zum Fernsehen ziehe ich alle Vorhänge zu, schließe die Fenster und verriegle die Tür.

In der Nacht fühle ich mich schrecklich. Bei jedem Geräusch zucke ich zusammen, ans Schlafen ist gar nicht zu denken. Schweißgebadet wache ich am nächsten Morgen auf. Mache mein Handy an und wieder hüpfen mir acht SMS entgegen. *Passt dir denn mein Geschenk, liebe Siena? Es müsste genau deine Größe haben. Ich werde ganz heiß, wenn ich es mir an dir vorstelle, dein Adrian.*

Das ist Psychoterror! Ich lasse das Handy auf das Bett fallen, als wäre es glühend heiß. Mir ist übel. Ich habe eine vage Ahnung, um welche Art von Geschenk es sich handeln könnte. Aber noch viel beunruhigender ist der Gedanke, dass sich dieser ganz offensichtlich gestörte Typ in der Nacht vor meiner Wohnungstür herumtreibt.

Ich bitte eine Kollegin mich abzuholen, ich bin schon so weit, dass ich mich nicht mal mehr allein vor die Tür traue.

Eine halbe Stunde später klingelt Gabi. In der Hand hält sie ein Päckchen mit einer roten Schleife. »Morgen, Siena, das hier lag vor deiner Tür.« Sie zwinkert. »Neuer Verehrer?«

»Hör bloß auf.« Ich nehme ihr das Paket aus der Hand und knalle es zu den anderen »Geschenken« in den Mülleimer.

»Willst du's nicht wenigstens vorher auspacken?«, wundert sich Gabi.

Nein danke! »Ich weiß, was drin ist.«

Auf der Fahrt zur Arbeit erzähle ich Gabi von Adrian und seinen Aufdringlichkeiten. Gabi ist vollkommen entsetzt. »Du musst zur Polizei gehen, Siena. Du musst diesen Typen anzeigen! Der ist krank! Das ist Stalking.«

»Und wen soll ich anzeigen? Ich kenn ja nicht mal seinen Namen. Adrian, mehr nicht. Stimmt wahrscheinlich nicht einmal«, bekenne ich etwas kleinlaut.

Gabi überlegt angestrengt. »Du hast doch seine Handynummer.«

»Ist sicher eine Prepaid-Nummer. Wie sie alle diese Typen haben. Fake-Internetaccounts und Extra-Handynummern.«

Gabi tritt auf die Bremse, macht eine Kehrtwende und fährt zurück zu meiner Wohnung. »Pack ein paar Sachen zusammen, du ziehst erst mal zu mir, keine Widerrede!«

Ist mir irgendwie auch lieber.

»Und du wechselst deine Handynummer!«, bestimmt sie weiter.

»Aber …«

»Mensch, Siena!« Gabi sieht mich eindringlich an. »Vielleicht bin ich übervorsichtig, vielleicht ist der Typ auch nur ein völlig harmloser Spinner. Aber wenn nicht …«

Den Rest der Woche verbringe ich bei Gabi. Panisch, ängstlich. Meinen Handyvertrag habe ich stillgelegt und eine neue Nummer beantragt. So lange telefoniere ich erst mal mit Prepaid-Karte. Nach fünf Tagen gehe ich zum ersten Mal zurück in meine Wohnung. Mit Gabi.

Vor der Tür türmen sich zwei Rosensträuße und zwei Pakete. »Vier, heute also noch nichts«, rechnet sie vor. Ich schnappe mir die Sträuße, sie sich die Pakete. Gemeinsam stecken wir die Geschenke in die Mülltonne. »Eigentlich schade drum«, seufzt Gabi.

Drei weitere Tage bleibe ich sicherheitshalber noch bei Gabi. Als wir dann wieder in meine Wohnung fahren, liegt nichts vor der Tür. Noch nie hab ich mich so über den Anblick meines Fußabtreters gefreut!

»Ist ihm wahrscheinlich dann doch zu blöd geworden«, überlegt Gabi.

»Hat wahrscheinlich im Internet ein neues Opfer gefunden«, vermute ich.

In der ersten Nacht zurück in meiner Wohnung bleibt Gabi noch einmal bei mir. Die darauffolgende Nacht bin ich wieder allein und ziemlich ängstlich. Zum Glück habe ich nie wieder was von diesem Adrian gehört. Eigentlich wollte ich mich nach dieser Erfahrung bei allen Portalen abmelden und aufhören. Hab ich dann aber doch nicht getan. Zum Glück!

CLUB AMUROSO

Niklas, Nickname: fantom32

Profil: Deine Beziehung ist eintönig oder eingeschlafen? Du fühlst schon lange kein Kribbeln mehr im Bauch? Sex ist nur noch Routine? Orgasmus-Faken immer häufiger angesagt? Dein Partner streichelt euer Haustier öfter als dich? Dann brich aus! Lass deiner Leidenschaft freien Lauf und lebe mit mir deine geheimen Wünsche aus. Mit mir wirst du auf jeden Fall auf deine (erotischen) Kosten kommen. Was ich suche? Abenteuer, neue Erfahrungen, Erotik, Lust und Spaß mit einer sexy Partnerin. Achtung, mit SM und käuflichem Gewerbe hab ich nichts am Hut. Wenn du mehr wissen willst, dann trau dich und schreib mir. Ich beiße nur auf Wunsch. Antwort ist garantiert.

Niklas' erste Mail las sich eher etwas nüchtern und förmlich. *Hallo du, ich denke, wir können mal ein wenig loslegen mit dem schriftlichen Abtasten. Dein Profil finde ich sehr interessant und ich glaube, du kannst es dir aufgrund deiner ansprechenden Angaben auch durchaus erlauben, sehr dezidierte Vorstellungen zu formulieren. Ich bin in der Medizintechnologie tätig, in einer leitenden Position, wie man so schön sagt, und würde dich sehr gern treffen. In der Regel eignet sich bei mir der Mittwochabend vorzüglich für Termine.*

Als Treffpunkt für den Mittwochabend wählte er eine Fast-Food-Filiale an einer Kreuzung einer befahrenen Ausfallstraße. Niklas ist schon da, als ich komme, sitzt an einem der hinteren Tische nahe dem Notausgang. Ich erkenne ihn gleich. Er sieht genauso aus wie auf dem Foto in seinem Profil. *Das Foto ist neu, ich habe es erst vor zwei Wochen machen lassen, damit du dir gleich die richtigen Vorstellungen machen kannst und weißt, mit wem du es zu tun bekommst,* schrieb er dazu.

Er ist nicht der Typ Mann, der Mädels reihenweise in Ohnmacht fallen lässt, aber er hat was. In seinem dunkelblauen Nadelstreifenanzug, mit dem weißen Hemd und der rot-weiß gestreiften Krawatte wirkt er sehr distinguiert. Als wäre er auf einem Geschäftstermin. Trägt man das jetzt in der Medizintechnologie, oder hat er sich für mich so fein gemacht?

In dem Fast-Food-Laden ist nicht viel los. Zwei junge Mädels mit dunklem Bob in bauchfreien Tops und Miniröcken saugen kichernd an ihren Colas. Eine Gruppe Jungs mit tief sitzenden Hosen und gut sichtbarem Unterhosenbund berät lautstark an der Kasse, was sie bestellen sollen. Bei dem asiatisch aussehenden Mann hinter der Kasse sorgen sie damit für ein genervtes Gesicht und zuckende Mundwinkel. Niklas wirkt wie ein Fremdkörper. Sein feiner Nadelstreifenanzug wird bestimmt noch tagelang nach Frittierfett riechen, schießt es mir durch den Kopf, als ich mich ihm nähere. Er blickt auf. »Hallo Siena«, begrüßt er mich etwas distanziert, eher wenig begeistert. Er nickt mir kurz zu und widmet sich dann seiner Portion Chicken-Nuggets, die er vor sich auf dem Tisch auf einer Papierserviette ausgebreitet hat.

»Magst auch was?«, fragt er dann. »Ich komme gerade von der Arbeit und hatte ziemlich großen Hunger.«

Ich hab auch Hunger, aber nicht auf Fast Food. Etwas unschlüssig stehe ich vor seinem Tisch. Was soll das denn werden?

»Setz dich doch zu mir«, sagt er, während er das Chicken-Stück in die Senfsoße tunkt.

Na gut. Mal sehen.

Er hält mir das eingetauchte Nugget unter die Nase. »Magst echt nichts?«

»Nee, danke!«

»Schön, dass du gekommen bist«, sagt er und lächelt mich an. »Ich hatte schon drei Beinahe-Dates, bei denen den Damen immer in letzter Minute etwas dazwischengekommen ist. War aber vermutlich nur ein Vorwand.«

»Wieso Vorwand?« Ich überlege, ob ich mir wenigstens eine Cola hole.

Niklas isst sein letztes Hähnchen-Stück, schiebt den leeren Karton zur Seite und wischt sich an der Papierserviette die Finger ab. »Als ich ihnen schrieb, was ich wirklich will, haben sie gekniffen.«

Ich überlege. Hat er mir geschrieben, was er wirklich will? In seiner Mail stand etwas von Treffen und Abtasten. Beides nicht wirklich übermäßig abschreckend. Da habe ich schon weit schlimmere und eindeutigere Vorschläge bekommen. Gut zwanzig Prozent der Männer schildern ihre Wünsche und Vorstellungen so deutlich, dass man sich gut vorstellen kann, wie sie sich schon beim Schreiben aufgeilen. Zuschriften dieser Art landeten bei mir sofort im Papierkorb.

Aber weder in Niklas' Profil noch in seinen Mails konnte ich etwas Anstößiges lesen. Andererseits hat er ja gerade sozusagen gestanden, dass er etwas Ungewöhnliches möchte. Irgendwie passt bei diesem Typen überhaupt nichts zusammen.

»Du hast bisher also noch keine Internet-Bekanntschaft getroffen?«

»Doch«, nickt er. »Letzte Woche. Eben als ich nicht mehr schrieb, was ich wirklich will. Laura, alleinerziehende Mutter, sehr süß.«

»Und? Wie wars?«

»Wir waren nicht kompatibel.« Niklas zieht sein iPhone aus seiner Jackentasche, wirft einen kurzen prüfenden Blick drauf, steckt es dann wieder zurück. »Sie wollte einen Vater für ihr

Kind und einen Versorger und auch beim Sex hatte sie deutlich andere Vorstellungen als ich.«

»Wer sucht denn einen Vater und Versorger auf einem Seitensprungportal?«, wundere ich mich.

»Ha!«, macht er mit einem Hauch von Verachtung in der Stimme. »Du glaubst nicht, wer da alles was sucht … Außerdem hatte Laura die Partnerschaftsbörsen schon erfolglos abgeklappert.« Er nickt mir zu. »Wollen wir los?«

»Was?«

»Gehen?«

»Wohin denn?«

»In den Swingerclub.«

Ah. Eigentlich hatte ich jetzt eine Antwort erwartet wie: »In die Kneipe, etwas trinken gehen« oder maximal noch »Zu mir, lass uns gleich zur Sache kommen …« Aber das … Ich glaube, mein überraschter Gesichtsausdruck spricht Bände.

Niklas sieht mich herausfordernd an. »Also, was ist? Sag's gleich. Ja oder nein?«

»Ich dachte, du suchst ein Erotikabenteuer?«

»Tu ich ja auch. Ein Swingerclub ist ja kein Kinderspielplatz …« Niklas marschiert forschen Schrittes voran. Ich folge ihm etwas verblüfft. Er wartet auf mich vor der Tür, holt Zigaretten aus seiner Tasche, zündet sich eine an. Pustet den Rauch in die Luft. »Sex mit nur einer Frau brauche ich nicht, den habe ich zu Hause bei meiner Frau. Also, was ist jetzt, kommst du mit oder nicht?«

»Wozu brauchst du mich dabei? Geht doch auch allein?«

»Ist geiler und billiger.«

Na super. Und jetzt? … Eigentlich würde es mich sogar reizen. Ich war bisher nur ein einziges Mal in einem Swingerclub. Mit meinem damaligen Freund. Ich wollte eigentlich nicht. Allein der Gedanke, dass er eine andere Frau auch nur berühren könnte, machte mich wahnsinnig. Aber er versprach mir hoch und heilig, sich das nur mal ansehen zu wollen – aus reiner Neugier – und nichts mit anderen Frauen zu machen. Also kam ich mit. Es war ein totaler Reinfall. Ich hatte den Schwanz meines Freundes noch nie so winzig gesehen. Als er merkte, dass sich andere Männer mir näherten, ging bei ihm gar nichts mehr. Den ganzen Abend tote Hose. Wir waren noch kurz in der Clubsauna und sind dann unverrichteter Dinge wieder gegangen. Ich schätze, Swingerclub geht nur ohne Gefühle. Und für diesen Niklas habe ich in etwa so viele Gefühle wie für die Eingangstür des Fast-Food-Lokals.

Ich nicke. »Okay, meinetwegen.«

Niklas sieht mich mit großen Augen an, dann meint er beeindruckt. »Cool. Hatte gar nicht damit gerechnet, dass du Ja sagst.«

Er schnipst die Zigarette auf den Boden, drückt sie mit dem Schuh aus. »Dann los. Fahr mir nach.« Auf dem Parkplatz steigt er in einen dunkelblauen Mittelklassewagen und gibt Gas. Ich folge ihm.

Wir fahren etwa zehn Kilometer auf einer Schnellstraße, dann biegt er nach rechts, hält ein paar Straßen weiter vor einem Haus, an dem die Werbeaufschrift eines DVD-Ladens in Neonrot blinkt. Der Parkplatz ist halb voll, größtenteils mit gehobenen Mittelklassewagen. Niklas öffnet mir die Autotür. Sein Sakko hat er im Auto gelassen, die Krawatte auch. Neben mir hält ein Sportwagen, ein Pärchen im mittleren Alter steigt aus. Die Frau trägt einen in ihrem Alter lächerlich wirkenden Minirock, dazu blutrote High Heels aus Lack und hellblonde Extensions, der Mann Jeans und ein Polohemd. Niklas schnalzt genüsslich mit der Zunge, als er ihr nachsieht. »Fängt ja schon gut an, schätze mal, die Lady werd ich mir genehmigen.«

Na dann … »Club Amuroso« steht auf einer kleinen Klingel an der Haustür. Er drückt, die Tür geht auf. Innen sieht es aus wie in einem ganz normalen Mehrfamilienhaus. Im zweiten

Stock geht eine Tür auf. Ein Herr mittleren Alters in weißem Hemd bittet uns herein.

Niklas zahlt, dann gehen wir in die Umkleide. Es gibt absperrbare Schränke, auf roten Tellern liegen Kondome bereit, auf einem Beistelltisch liegen zusammengerollte feuchte Handtücher mit leichtem Mintduft.

Ehe ich meinen Rock auch nur aufgeknöpft habe, ist Niklas schon ausgezogen. Er hat einen guten Körper, durchtrainiert, sonnenstudiogebräunt, haarlos von oben bis unten. Sein Schwanz steht schon erwartungsvoll zwischen den Eiern. »Ich geh schon mal vor«, kündigt er an.

Eine junge Frau neben mir zieht sich ebenso aus und verhüllt zumindest den unteren Teil ihres üppigen Körpers mit einem Tuch. Das mach ich auch.

Ein schmaler Flur führt zu verschiedenen Räumen. Im ersten befindet sich eine lange Theke, an der zwei Pärchen sitzen und munter ein Bierchen trinken. Wie in jeder anderen Kneipe auch, nur eben nackt. Hinter ihnen müht sich eine junge Frau nackt an der Stange. Kaum einer beachtet sie bei ihren Verrenkungen. Die beiden Männer, die zugucken, sind völlig ungerührt von ihren Verführungsversuchen, zumindest zeigt sich bei ihnen keine Spur der Erregung.

Im nächsten Raum ist die Sauna, dann geht's zu einem großen, schummrig beleuchteten Raum mit riesigem Bett, auf dem sich gerade ein Pärchen gegenseitig lustvoll verwöhnt. Rechts und links davon knien Typen, die sich daran aufgeilen, ab und zu mal mit anzufassen. Wohin ist Niklas verschwunden?

Ich schaue weiter. Plötzlich zieht mir jemand von hinten mein Handtuch weg. Niklas.

»Da bist du ja, Siena!« Er greift mir an den Hintern. »Hab schon was für uns beide klargemacht.« Sein Schwanz steht nicht mehr, glänzt feucht, offenbar ist er schon zur Sache gekommen.

Er führt mich in einen anderen Raum, der in viele einzelne Abteilungen abgetrennt ist. Aus jeder Abteilung dringen Stöhnen und Lustschreie, es ist schwülwarm, die Luft ist dunstig und es riecht wie in einem Kaninchenstall. Erinnert mich ein bisschen an den Zoo, die Reptilienabteilung im Tropenhaus.

Niklas öffnet schwer atmend eines der Abteile. Dort liegt eine Frau ausgestreckt auf einem Bett. Den hellblonden Extensions nach zu schließen, ist es die Frau vom Parkplatz. Über ihrem Mund baumeln ein Paar Eier, zwischen ihren Beinen steckt ein Kopf. Ihr Unterleib bäumt sich ekstatisch auf. Niklas zeigt auf den Mann, dessen Kopf sich zwischen den Beinen der Frau befindet.

»Komm schon, der ist für dich!«, ruft er mir zu. »Ich will sehen, wie du ihm einen bläst.« Und in heller Vorfreude steigt sein Schwanz wieder nach oben.

Erstens blase ich nicht auf Ansage, zweitens will ich im Fall eines Falles schon ganz gern das Gesicht des Mannes sehen, dessen Schwanz ich in den Mund nehme, und drittens macht mich das Ganze hier null an. Ich bin staubtrocken und völlig abgetörnt. Und dieser Niklas ist mir derart zuwider, dass ich ihm nicht mal mehr die Hand geben will.

»Jetzt zier dich doch nicht, Siena!«, ruft mir Niklas etwas heiser zu, während er sich hektisch einen abwichst. »Oder liegst du lieber unten? Willst du lieber zwei Schwänze, oder drei? Kannste alles haben.«

Auf einmal spüre ich einen harten Schwanz von hinten zwischen meinen Beinen. Zwei Hände umfassen meine nackten Brüste, kneten sie, als wären sie aus Kuchenteig. Eine Männerstimme stöhnt in mein Ohr: »Du hast so einen geilen Arsch. Ich steck ihn jetzt rein.«

Oh nein! Ganz bestimmt nicht! Mit einer schnellen Bewegung entwinde ich mich seinem Griff und verlasse diesen Kaninchenstall. In der Bar turnt das nackte Mädchen immer noch hingebungsvoll um die Stange. Zu den beiden männlichen Zuschauern hat sich inzwischen eine Frau in schwarzem Lack-BH und kniehohen Lackstiefeln gesellt. Wild gestikulierend unterhalten sich die beiden Männer mit der Lacklady. Das Stangenmädchen würdigen sie keines Blickes mehr. Ich frage mich, wie lange das arme Ding noch tanzen muss.

Wieder spüre ich zwei fremde Hände, die von hinten nach meinen Brüsten fassen. Nicht ganz so fremd. Sie gehören Niklas. »Na, macht dich das an?«, fragt er sabbernd. Er will mich umdrehen. »Jetzt bist du dran. Jetzt will ich dich durchficken, der Höhepunkt kommt zum Schluss.«

Nee, Niklas. Lass gut sein. Angewidert schüttele ich seine Hände ab.

»Was ist, Siena? Stell dich nicht so an!«

»Während du mit den Ladys zugange warst, haben mich zwei andere Herren beglückt und jetzt bin ich vollends befriedigt«, erzähle ich ihm, ohne die Miene zu verziehen.

Niklas sieht mich mit offenem Mund an. »Aber ...«

Mit gespieltem Bedauern zucke ich die Schultern. »Sorry, mein Süßer.« Dann verziehe ich mich in die Umkleide und verschwinde.

Swingerclub geht nicht mal ohne Gefühle. Zumindest nicht mit mir. Von Niklas habe ich auch nichts mehr gehört.

KAFFEEKLATSCH IM MÖBELHAUS

Stefan, Nickname: Cosmopolit24

Profil: Niveauvoller, sehr gepflegter Mann, die Damenwelt sagt »recht gutaussehend«, nachweislich gesund, gebildet, Cosmopolit, fantasievoll, verlässlich, sucht eine knisternde Nebenbeziehung, gerne bei angestrebter Dauerfreundschaft – bin ja kein Jäger und Sammler. Wenn ich dazu komme, treibe ich gern Sport, gehe ins Kino, Theater, Museum oder ziehe einfach mit ein paar Leuten los. So, jetzt hast du ein bisschen über mich erfahren und schreibst mir hoffentlich was über dich. Ich bin auch mal mutig und gebe dir meine Handynummer, unter der du mich am besten zwischen acht und 17 Uhr erreichen kannst. Darfst aber gern auch eine SMS schicken und ich melde mich dann bei dir. Du brauchst keine Angst haben, dass deine Nummer missbraucht wird, falls nach unserem ersten Telefonat klar wäre, dass es kein weiteres gibt, lösche ich deine Nummer. Da die meisten Profilfotos etwas affig sind, habe ich in mein Profil mein Lieblingsfoto gestellt. Es zeigt mich mit meiner kleinen Tochter. Die Knuddelmaus scheint doch ziemlich begeistert zu sein von ihrem Papa, findest du nicht? Du kannst dem Kind da voll vertrauen ...

Das Foto im Profil zeigt einen Mann mit zerzausten braunen Locken in Jeans und Holzfällerhemd im Vierfüßlerstand, auf seinem Rücken klammert sich ein kleines Mädchen mit langen dunkelbraunen Zöpfen fest. Auf dem Boden liegt Spielzeug verteilt: Autos, ein paar Stofftiere, eine Barbiepuppe. Beide blicken lachend in die Kamera. Was ist das für ein Mann, der mit so einem Foto in einem Internetportal einen Seitensprung sucht? Mit der eigenen Tochter?

Wir treffen uns am Nachmittag in der Gastro-Abteilung eines großen Möbelhauses. Merkwürdiger Treffpunkt. Stefan hat ihn ausgewählt. *Liegt auf meinem Weg, da komm ich am besten hin,* schrieb er.

Meinetwegen. Ich komme ein paar Minuten zu spät, bin nicht sicher, ob ich ihn ohne Knuddelmaus und Wohnzimmeridylle überhaupt erkenne. Es ist viel los in der Gastroecke, fast alle der runden Bistrotische sind besetzt. Geschirr klappert, es riecht nach Braten und Curry, Menschen mit geräumigen Einkaufstüten kommen, essen und gehen. Ein sehr merkwürdiger Treffpunkt für ein Date. Etwas unschlüssig wandere ich durch die Tischreihen. Weit und breit ist kein Mann in Stefans Alter mit braunen Locken zu sehen. Ob ihm etwas dazwischengekommen ist? Vielleicht kommt er ja gar nicht?

Dann eben nicht, denke ich trotzig. Ich war ohnehin nicht an diesem Stefan interessiert, nur neugierig zu sehen, was für ein Mann sich hinter einem solchen Profil verbirgt.

Ich schlendere am Kuchenbuffet entlang, liebäugele mit einem Stück Erdbeerkuchen. Kann nicht widerstehen, hole einen Teller und lege das Kuchenstück darauf. Neben mir nimmt sich jemand ein Stück Mandarinentorte.

»Bist du vielleicht Siena?«, fragt der Mann mit der Mandarinentorte.

Aha. Dann muss das Stefan sein. Ich drehe mich und sehe ihn mir an. Sieht nett aus. Jung. Oder zumindest jung geblieben. Trägt ausgewaschene Jeans und ein rotes Shirt. Er hat grünbraune Augen und seine braunen Locken kringeln sich hübsch.

»Hab schon gedacht, du kommst nicht mehr!«, sagt er etwas vorwurfsvoll. »Ich sitze da drüben.« Er deutet mit dem Kopf Richtung Kinderecke. Da hab ich natürlich nicht gesucht.

Wir bezahlen getrennt unsere Kuchen, ich folge Stefan an seinen Platz. Er hat eine gute Figur, unter der Jeans zeichnet sich ein knackiger Hintern ab. Stefan stellt seine Torte auf den Tisch, ich meinen Erdbeerkuchen. »Ich hol uns noch einen Kaffee«, kündigt er an und macht sich wieder auf Richtung Buffet.

Schräg, echt schräg. Ich frage mich etwas irritiert, was das werden soll. Vielleicht sucht Stefan ja nur jemanden für den Kaffeeklatsch? Vielleicht ist er aus Versehen auf der falschen Internetseite gelandet? Ich hab die Hälfte meines Kuchens verputzt, als er mit dem Kaffee wieder auftaucht.

»So«, meint er zufrieden und setzt sich. Mit der Gabel pickt er eine Mandarine aus seinem Kuchen. »Den gibt's nirgendwo so lecker wie hier«, schwärmt er dabei.

Also doch ein klarer Fall für www.wergehtmitmirinsmöbelhaus kuchenessen.de.

»Schmeckts dir auch?«

Ich nicke. »Ja, schon.«

Er packt seine Gabel voll Mandarinentorte und hält sie mir hin.

Nein, danke! Ich zucke zurück. Ich lasse mich nicht von fremden Männern im Möbelhaus füttern!

Er zuckt mit den Schultern, schiebt das Kuchenstück dann in seinen eigenen Mund. »Du gefällst mir«, sagt er dann. »Bist genau mein Typ. Ich hab schon alles abgecheckt, die Toiletten im dritten Stockwerk im Treppenhaus sind gut geeignet. Die liegen etwas abgelegen, da kommen nicht so viele Leute hin.«

Ich kann ihm gerade nicht ganz folgen. »Wie? Wofür geeignet?«

»Na für Sex natürlich«, sagt er und sieht mich so an, als hätte ich eine völlig absurde Frage gestellt. »Deswegen treffen wir uns doch.« Aha. Doch nicht die falsche Internetseite. »Hast du's da schon mal ausprobiert?«

»Ja«, antwortet er knapp und schiebt sich ein weiteres Stück Mandarinentorte in den Mund.

»Mit jemandem, den du im Internet kennengelernt hast?«

»Ja«, nickt er wieder. Dann verzieht er den Mund zu einem genüsslichen Schmunzeln. »War geil. Alleinerziehende Mutter mit drei Kindern. Die Kids blieben in der Spielzeugabteilung, während wir's auf der Toilette getrieben haben. War richtig geil.«

Auf einmal kommt ein kleines Mädchen mit langen dunkelbraunen Zöpfen auf uns zugeschossen. Wenn das nicht die Knuddelmaus ist …

Das darf doch echt nicht wahr sein. Der Typ hat doch glatt seine Tochter mitgebracht! Das kleine Mädchen setzt sich auf Stefans Schoß. Es hat knallrote Wangen und scheint vom wilden Toben etwas verschwitzt zu sein. Es deutet mit dem Zeigefinger auf mich. »Wer ist das denn, Papi?«

»Ach, nur eine Freundin«, erklärt er dem Kind ganz entspannt und nicht im Geringsten nervös oder verlegen. »So eine Freundin, wie du sie im Kindergarten auch hast.«

Die Kleine nickt wissend. »Wie die Lena.«

Stefan nickt auch. »Genau, wie die Lena.«

Kindergarten? Lena? Ich glaub, ich bin im falschen Film. Wie ist der denn drauf?

Stefan schiebt das Mädel sanft, aber bestimmt von seinem Schoß. »Und jetzt geh noch ein bisschen spielen, Süße.«

Die Kleine protestiert. »Hab aber Hunger.«

Stefan zieht in aller Seelenruhe ein Zwei-Euro-Stück aus der Tasche. »Kauf dir ein Eis, Schatz.«

Höchst erfreut zieht das kleine Mädchen mit dem Geldstück davon.

Stefan verspeist in aller Ruhe den Rest seiner Mandarinentorte, wischt sich mit der Papierserviette den Mund ab. »So, ich wär jetzt so weit«, erklärt er dann.

Äh? »Wie weit?«

Stefan steht auf. »Wir können los.«

»Wohin?«

»Auf die Toilette, ins dritte Stockwerk, 'ne geile Nummer schieben. Deswegen haben wir uns doch verabredet.« Er sieht auf die Uhr. »Laura ist die nächste viertel Stunde mit Eis und Spielen beschäftigt.«

Krass. Ich kann diesen Stefan nur noch staunend mit großen Augen ansehen. »Und deine Frau?«

Verständnislos schüttelt er den Kopf. »Was soll denn mit meiner Frau sein? Die ist zu Hause.«

»Weiß sie, wo du bist? Und mit wem?«

Stefan sieht mich völlig verständnislos an. »Natürlich. Im Möbelhaus, mit Laura. Ich muss dran denken, zwei Glühbirnen mitzunehmen.« Er streckt seine Hand nach mir aus. »Jetzt komm endlich, Siena, die Zeit läuft!«

Oh nein. Ganz sicher nicht! Ich stehe auf. »Du, Stefan, mir fällt gerade ein, dass ich superdringend noch was erledigen muss.«

Stefan funkelt mich wütend an. »Ey, was fällt dir ein, du Schnepfe! Kannst mich doch nicht einfach hierher bestellen und dann sitzen lassen. So haben wir nicht gewettet, meine Liebe.«

»Hol dir doch einfach noch ein Stück Mandarinentorte«, kann ich mir nicht verkneifen zu antworten und gehe.

Ich hab mich dann noch ein wenig im Möbelhaus umgesehen und eine wunderschöne Designervase entdeckt, die um vierzig Prozent reduziert war. Die steht jetzt in meinem Schlafzimmer. So war das Treffen mit Stefan wenigstens nicht völlig umsonst.

EIN MANN FÜR GEWISSE STUNDEN

Christof, Nickname: richardge_9

Profil: Bin sportlich, gepflegt, ein lockerer, sympathischer Typ und bringe für ein Treffen die nötige Diskretion und Zuverlässigkeit mit. Bin mobil und zeitlich flexibel und kann mir ein Treffen auch tagsüber spontan einrichten. Wenn du nun ebenfalls neugierig geworden bist und Interesse an einer unkomplizierten Affäre hast und es dich nicht stört, dass ich einige Jahre jünger bin (ich stehe mehr auf reifere Frauen!), dann würde ich mich freuen, dich kennenzulernen. Gerne auch erst unverbindlich, um Sympathie zu testen. Bin kein Fake und habe ernsthaftes Interesse an einem kurzfristigen Treffen, ohne lange hin und her zu mailen! Bin ein spontaner Typ und weiß, was ich will!

Ein Mann, ein Wort. Christof hat auf keine meiner Mails geantwortet, nichts von sich erzählt, auf keine meiner Fragen reagiert. Erst als ich ihm einen Termin für ein Date vorschlug, hat er sich mit einem knappen *Okay, passt mir!* gemeldet.

Wir treffen uns vor dem »Studio Sportspaß«. Den Treffpunkt hat er vorgeschlagen. Er ist schon da und wartet. Hat wenig an. Eine rote, eng anliegende Radlerhose, dazu ein knappes schwarzes Shirt, das jeden Muskel seines Oberkörpers in Szene setzt. Dazu trägt er Flipflops. Merkwürdiges Outfit. Wir wollten doch was trinken gehen? Aber immerhin hat er in seinem Profil nicht zu viel versprochen. Er sieht klasse aus, wie der junge Dolph Lundgren, damals, als er sich im Boxklassiker *Rocky* mit Sylvester Stallone prügelte. Jeder Muskel seines Körpers ist definiert.

»Hi.« Er mustert mich kurz. »Gehen wir hoch?«

»Wohin?«

»Ins Studio.«

Ich frage mich kurz, ob er mich mit jemandem verwechselt. »Du bist doch Christof?«

Er nickt. »Und du Siena?«

Also keine Verwechslung.

»Was machen wir im Fitnessstudio?«

»Kommste jetzt?« Er geht vor, ich folge ihm, sehe seinen knackigen Hintern, seinen perfekt geformten Rücken. Sämtliche Mädels in dem Studio bekommen Stielaugen, als er an ihnen vorbeiläuft. Warum schaltet dieser Typ eine Annonce im Internet?

Wir sitzen an der Bar und trinken Isodrinks mit Orangengeschmack. Er mustert mich aufmerksam. »Bist noch gut in Form für dein Alter.«

»Ah ja. Danke ...«

»Nee, im Ernst«, setzt er nach. »Was man da manchmal so zu sehen bekommt, ist schon echt ganz schön grenzwertig.«

»Warum schreibst du dann, dass du auf reifere Frauen stehst? Bei jüngeren wäre das doch kein Problem.«

Christof zuckt die Schulter. »Ist eben so«, sagt er trocken.

»Hast du schon viele getroffen?«, will ich wissen.

Christof grinst breit. »Ein gutes Dutzend. Oder eher zwei Dutzend. Du hast ja keine Ahnung, wie die mir die Bude einrennen. Läuft richtig gut.«

»Und was sagt deine Freundin dazu?«

»Nichts«, antwortet er knapp.

»Ist es ihr denn egal, wenn du andere Frauen triffst?«

»Hat sich dran gewöhnt, macht es selbst«, erklärt er lapidar und ordert für sich einen Kirsch-Bananen-Saft.

»Macht es selbst? Sie trifft selbst andere Männer aus dem Internet?«

Wieder ein knappes Ja.

Was ist das denn für eine merkwürdige Beziehung?

»Und?«, fragt er dann und blinzelt kokett. »Wie findest du mich?« Offenbar will er nicht mehr über dieses Thema reden.

»Gut«, antworte ich wahrheitsgemäß.

»Könntste dir denn vorstellen, mit mir zu ficken?«, fragt er dann geradeheraus.

Ich lasse meinen Blick noch einmal über seinen knackigen Körper wandern. Oh ja! Ich sage nichts, nicke nur kurz.

Sichtlich zufrieden nickt er auch, dann winkt er den Barkeeper zu sich, flüstert kurz mit ihm. Der greift in eine Schublade und drückt Christof einen Schlüssel in die Hand. Christof beugt sich zu mir und küsst mich ganz sachte auf die Lippen, sieht mir dabei tief in die Augen. »Kommst du?«

Er nimmt mich an der Hand. Ich lasse mich von ihm mitziehen. Wir verlassen das Studio und gelangen in einen Nebenraum. Dort sperrt er ein Zimmer auf. Es ist klein, hat keine Fenster, dafür liegt in der Mitte eine überdimensionale Matratze, bezogen mit einem roten Bettlaken. Rechts und links davon stecken weiße Kerzen in hohen roten Kerzenständern. An den Wänden hängen erotische Bilder. Auf einem Beistelltisch liegen Handschellen, Vibratoren und verschiedene Tuben.

Christof führt mich in das Zimmer, schließt die Tür hinter uns und zündet die Kerzen an. Etwas gedämpft ist das Geräusch der Hanteln zu hören.

Christof zieht mich an sich. Küsst mich. Knabbert erst an meinem Ohrläppchen, bewegt dann seine Zunge in meinem Ohr, macht mich richtig heiß damit. Bis zu diesem Moment war mir nicht klar, dass mich Küsse ins Ohr so erregen können.

Ich spüre seinen harten Schwanz zwischen meinen Beinen. Eigentlich bin ich willenlos, will nur noch mit ihm schlafen. Plötzlich hört er auf. Sehr abrupt. Nimmt mich am Arm, zieht mich auf die Matratze. Ich will nach hinten sinken, er hält mich zurück. »Warte mal.« Seine Stimme klingt nüchtern.

Ich sehe ihn fragend an.

»Wir müssen erst noch was besprechen.« Jetzt klingt er plötzlich wie ein Versicherungsmakler.

»Was denn?«

»Was Geschäftliches«, sagt er und meine Erregung ist mit einem Mal vollkommen dahin. Mir ist klar, was er will.

Christof zieht aus seiner Hose eine Visitenkarte. Weiß auf Rot. »Agentur Have fun with guys«, steht in großen Buchstaben darauf. »Ich mache, was du willst, bin dir ganz zu Diensten«, säuselt er. »Aber alles hat seinen Preis, das verstehst du doch.« Er beugt sich nach vorne und bearbeitet wieder mein Ohr. Diesmal bleiben seine Bemühungen allerdings völlig wirkungslos.

Ich schiebe ihn weg. »Du bist ein Callboy?« Hätte ich mir eigentlich denken können, bei diesem Nickname. Richardge steht vermutlich für Richard Gere, den Mann für gewisse Stunden …
Und seine Freundin ist dann ja wohl im gleichen Geschäft tätig …

»Man muss sehen, wo man bleibt«, nickt er.

»Und deine Kundinnen suchst du über Internetportale?«

Christof nickt. »Klar, das Geschäft läuft super. Manchmal nehme ich noch die eine oder andere aus dem Studio mit.« Er will sich wieder zu mir beugen, mich weiter küssen, ich schiebe ihn wieder weg.

»Und das klappt?«

Christof rollt die Augen. »Wenn ich die Ladys erst mal hier drin hab, können die meinem Wahnsinns-Charme nicht widerstehen.« Er sieht mich an, fährt mit dem Finger tief in meinen Ausschnitt. »Und? Was ist mit uns zwei Hübschen?«

Ich steh auf. »Nee, sorry, käuflicher Sex ist nichts für mich.«

Christof zuckt ungerührt die Schulter. »Dann eben nicht.« Er pustet die Kerzen aus und führt mich zurück ins Fitness-Studio.

Er reicht dem Barkeeper den Schlüssel, küsst mich rechts und links auf die Wangen. »Ach übrigens, wir haben auch günstige Probeabos für einen Testmonat hier bei uns im Studio, vielleicht wär das ja was für dich?«

Nein, vielen Dank! Auch kein Probeabo!

NICHTS IST SO SCHARF WIE CHILI-EIS

Marc, Nickname: enjoyyourlife_18

Profil: Ich heiße Marc, bin 1,70 m groß, verheiratet und sexuell hoffnungslos unterfordert. Ich gehe gerne gut essen, trinke gerne mal ein schönes Glas Rotwein und mag es, bei entspannter Atmosphäre Musik zu hören. Ich achte sehr auf meinen Körper. Momentan mache ich auch wieder eine Diät. Ganz schlank werde ich aber wohl nie werden. Dazu bin ich ein zu großer Genießer. Ich liebe es, eine Frau zu verwöhnen – im Bett, aber auch sonst. Das ist aber nur befriedigend, wenn es ein Geben und Nehmen ist. Falls es dich stören sollte, dass ich Raucher bin, kann ich dir sagen, dass ich es auch mal längere Zeit ohne Zigarette aushalten kann. Ich hab auch immer ein Pfefferminz-Bonbon in der Tasche ... Wenn du Lust hast, mich kennenzulernen, dann antworte einfach ... es ist noch Platz für deine Antwort in meinem Postfach ... Was hältst du denn von 'nem Kaffee mit was Süßem:)?

Marc heißt eigentlich Markus und ist in der Gebäudeautomatisierung tätig.

Ich bin dein Mann, wenn du willst, dass dein Kühlschrank spricht ..., schrieb er. Momentan allerdings ist er freigestellt und hat jede Menge Zeit. Ich konnte mich lange nicht dazu aufraffen, ihn zu treffen. Irgendwie sprach mich sein Profil nicht wirklich an. Aber seit ein paar Tagen haben wir Mail-Kontakt. Er schreibt sehr nett und witzig.

Inzwischen kommt er mir beinahe schon vor wie ein Freund. Ich teile ihm mit, wenn mich was ärgert, postwendend kommt von ihm eine ellenlange Mail mit guten Ratschlägen, einem Augenzwinkern oder etwas Tröstlichem zurück. Ich habe ihm Diättipps geschickt, er mir ein wirklich super leckeres Käsekuchenrezept von seiner Frau.

Ich habe ihm sogar von dem Date mit Christof erzählt. Scheint nichts Ungewöhnliches zu sein. Markus schreibt, dass er jede Menge Profile dieser Art zugeschickt bekommt: *Was bitte schön will eine knackige 20-Jährige von einem verheirateten Typen wie mir? Da kann doch was nicht stimmen! Und tut es auch meistens nicht!*

Klingt merkwürdig, aber Markus kam mir fast vor wie eine Art Kummerkasten. Auch er schien nicht gerade das übermäßig dringende Bedürfnis zu haben, mich zu treffen. Jedenfalls schrieb er davon kein Wort in seinen Mails. Also blieben wir in schriftlichem Kontakt.

Gestern bestand er dann aber doch darauf, mich live zu Kaffee und Kuchen einzuladen. *Es ist Zeit, der Wahrheit ins Gesicht zu blicken,* kündigte er vielsagend an.

Wir haben uns also für heute, 16 Uhr, im Café Blumenau verabredet. Ich bin sehr gespannt auf meinen Brieffreund.

Das Café ist ziemlich voll, als ich es betrete. Von Markus ist nichts zu sehen. Er hat ein Foto in seinem Profil, ich würde ihn also auf jeden Fall erkennen. Etwas unschlüssig setze ich mich an einen freien Tisch. Ob er mich versetzt hat? Kann ich mir bei ihm irgendwie gar nicht vorstellen. Ich bestelle einen Prosecco und warte. Trinke ihn aus. Bestelle einen zweiten und warte weiter. Nichts. Niemand.

Plötzlich kommt ein Mann auf mich zu. Stellt mir ein drittes Glas Prosecco auf den Tisch, setzt sich zu mir, mustert mich liebevoll und aufmerksam. »So siehst du also aus, Siena.«

Das also ist Markus. Er saß schon die ganze Zeit im Café, ich habe ihn nur nicht erkannt, weil er inzwischen grob geschätzt gute vierzig Kilo mehr wiegen dürfte als auf seinem Profilbild. Das Doppelkinn und die dicken Hamsterbacken haben auch sein Gesicht deutlich verändert. Aber trotz seiner Fülle wirkt er sympathisch. Wie ein dicker, runder, süßer Knuddelbär.

Momentan mache ich Diät, stand in seinem Profil. *Nächster Diätversuch mal wieder fehlgeschlagen,* stand in einer seiner letzten Mails. Aber gleich *so* fehlgeschlagen?

Markus versteht meinen Blick und schmunzelt in sich hinein. »Ich weiß, ich bin so gar nicht das, was du erwartet hast.«

Na ja, so kann man das nicht gerade sagen, eigentlich habe ich ja gar nichts erwartet.

Etwas verlegen blickt er an sich herunter. »Hab dir ja geschrieben, dass es mit der Diät nicht ganz so geklappt hat, wie ich wollte.« Er seufzt und winkt der Kellnerin. »Ich geb eine Runde Chili-Schoko-Eis aus.«

»Okay«, nicke ich. Eine sehr merkwürdige Situation. Ich sitze hier mit einem Mann, den ich über ein Seitensprungportal im Internet kennengelernt habe, mit dem ich mich per Mail ausgetauscht habe, als wäre er mein ältester Freund. Und jetzt essen wir zusammen Eis. Das einzig Scharfe an diesem Date ist das Chili-Eis.

»Weiß deine Frau eigentlich, dass du mich hier triffst?«, will ich dann wissen.

Markus zögert einen Moment, dann nickt er. »Als ich sicher war, dass zwischen uns nichts laufen würde, hab ich es ihr gesagt.«

Ich sehe ihn mit großen Augen an. »Alles?«

Markus lächelt etwas verlegen. »Nein, dass du 'ne Internet-Bekanntschaft bist, hab ich ihr gesagt, aber nicht, von welchem Portal.«

Die Kellnerin stellt zwei große Eisbecher mit Fächerwaffeln auf den Tisch. Drei Kugeln Chili-Schoko.

»Und warum warst du dir so sicher, dass zwischen uns nichts läuft?«

Markus seufzt wieder. »Weil du viel zu gut für mich aussiehst. Und weil ich eh viel zu dick für einen Seitensprung bin.« Er versenkt genüsslich seinen Löffel im Schokoeis. »Eigentlich ist das hier mindestens so schön wie Sex«, seufzt er dabei in den Eisbecher. »Und viel leichter zu bekommen.«

Das Eis schmeckt herrlich bitter-süß und ich bin sehr nahe dran, ihm recht zu geben.

»Was ist Sex schon? Nichts, was lange vorhält«, philosophiert er weiter. »Ein kurzer Kick, mehr nicht. Aber Siena«, er blinzelt mir zu, »wenn ich abgenommen habe und aussehe wie ein Adonis, werden die Karten neu gemischt, dann nimm dich in Acht vor mir!«

Ich lache, und dann bestellen wir noch eine zweite Runde Chili-Schoko. Das Date mit Markus hat sich am nächsten Tag zwar auf meine Hüften geschlagen, aber es war eine der entspanntesten Verabredungen. Bis heute haben wir Mail-Kontakt. Ich habe Markus auch von der vielversprechenden Begegnung erzählt, die ich wenig später hatte. Er hat sich zwar für mich gefreut, aber auch zur Vorsicht gemahnt. »Einmal Internetjäger, immer Internetjäger« …

BLEEDING LOVE

Tom, Nickname: Tom_2610

Profil: Ehrlich gesagt glaube ich nicht, dass ich hier finde, was ich suche, aber ich will es wenigstens mal probiert haben. Was ich suche? Vielleicht das, was es gar nicht gibt. Vielleicht sollte ich mich an dieser Stelle mal kurz vorstellen – ich versuchs mal so: Typ groß, dunkel, sportlich ... aber auch elegant, je nach Situation und Anlass. Schaue gerne über den Tellerrand und stehe mit beiden Beinen fest auf dem Boden. Manchmal bin ich vielleicht ein Träumer und Romantiker, der aber zur rechten Zeit wieder aufwacht! Mit mir kann eine Frau viel lachen und auch mal was erleben .. vielleicht wieder einmal das Gefühl von Knistern und Schmetterlingen im Bauch. Ich würde mich als Eroberer und Genießer zugleich beschreiben, der viel geben kann, wenn die Chemie stimmt.

Es war einer der Tage, an denen ich keine Lust mehr auf weitere Internet-Dates hatte. Nicht nur nach den Geschichten mit Niklas und Christof, die einfach nur abtörnend waren. Ich fühlte mich wie nach einem langen, üppigen Essen. Irgendwann ist der Sättigungspunkt erreicht und es passt nichts mehr rein.

Lustlos klickte ich mich durch die Profile, ohne zu reagieren. Der Reiz war weg. Jedes neue Profil, das ich anklickte, kam mir vor wie ein Déjà-vu. Eigentlich war ich schon entschlossen, mich abzumelden und mich wieder dem realen Leben zu widmen. In der Stadt oder im Café einen Mann ohne »Gebrauchsanweisung« kennenzulernen. Einen Mann, von dem ich nichts wusste, dessen sexuelle Vorlieben ich nicht schon vor dem ersten Date kannte. Und vor allem einen Mann nur für mich.

Warum ich bei Tom_2610 noch einmal eine Ausnahme gemacht habe, ist mir bis heute schleierhaft. In Toms Profil stand nichts Besonderes, und auch sein Foto war nicht sehr aufschlussreich. Aber irgendetwas veranlasste mich, ihm zu schreiben und ein Date auszumachen.

Es ist ein Sonntag, es regnet leicht, ein Abend, an dem man nicht aus dem Haus gehen mag, wenn man nicht muss, an dem man einfach nur in aller Ruhe den *Tatort* anschauen will. Aber Tom fährt extra dreihundert Kilometer, um mich zu treffen, er ist selbstständig und hat sonst wenig Zeit. Wir haben uns auf einem Parkplatz in der Stadt verabredet.

Ich bin schon früher dort, warte etwas genervt, er ist zu spät, es ist kalt. *Ich fahre eine Mistschleuder aus Bayern und habe einen langen weißen Bart,* war seine letzte Auto- und Personenbeschreibung. Nicht besonders vielversprechend. Auf seinem Profilbild war er nicht gut zu erkennen. Er spielt darauf mit einem Schäferhund, bückt sich, braune, längere Haare fallen ihm ins Gesicht.

Ich gebe ihm eine halbe Stunde, sonst bin ich weg. Und selbst wenn er kommt, habe ich keine Lust auf mehr als eine kurze, freundliche Unterhaltung.

Ein dunkelgrauer BMW-Sportwagen hält neben mir. Das neueste Modell. Das Fenster geht runter.

»Siena?«

Ich nicke. Es ist dunkel im Wagen, viel ist nicht von ihm zu erkennen.

»Was machen wir?« Tom hat eine angenehme, dunkle Stimme.

»Keine Ahnung.«

»Steigst du zu mir ins Auto, dann fahren wir zusammen weiter? Können ja was trinken gehen«, schlägt er vor.

»Okay.«

Ich steige ein, sehe ihn mir an und werde etwas nervös. Er ist süß. Sehr süß. Kurze dunkelbraune Haare, dunkelbraune Keanu-Reeves-Augen, er trägt Jeans und ein enges hellblaues Shirt, das an seinen muskulösen Armen ein wenig spannt. Aber vor allem riecht er herrlich, nach Egoiste von Chanel, nach Leder und Zigaretten. Eine Mischung, die mich schwach macht.

»Wo fahren wir hin?«, will er wissen. Er sieht mich an, verzieht keine Miene. Keine Ahnung, ob ich ihm gefalle oder nicht.

Ich sage ihm die Adresse einer Kneipe, die mir gerade einfällt, er gibt sie in sein Navi ein. Ich werde immer nervöser, unsicherer. Weiß eigentlich gar nicht so genau, warum.

»Freue mich, dich zu sehen«, sagt er und grinst mich an. Wenn er grinst, so wie jetzt, bilden sich niedliche Grübchen auf seinen Wangen, er hat schöne, gepflegte Zähne, und dann diese Augen …

Wir kommen zu der Kneipe, setzen uns an einen Tisch. Ich sehe ihn an, habe plötzlich ein Gefühl, als würde ich ihn schon ewig kennen. Er erzählt von seiner Arbeitswoche, ich von meiner, so, als würden wir das jede Woche tun.

Die Fragen, die ich den Männern aus dem Internet sonst stelle, stelle ich nicht. Vielleicht, weil ich die Antwort nicht wissen will. Weil ich nicht wissen will, was seine Frau dazu sagt, nicht wissen will, warum dieser Mann im Internet Sexabenteuer sucht, und vor allem nicht wissen will, wie viele Frauen er schon vor mir getroffen hat …

Ich erzähle von mir, er sieht mich dabei an mit diesen unwiderstehlichen Keanu-braunen Augen und ich werde mit jeder Minute nervöser, in meinem Bauch beginnt es zu kribbeln.

»Ich war müde, muss morgen früh raus. Eigentlich wollte ich absagen. Ich wusste nicht, warum ich so weit gefahren bin, um dich zu treffen. Jetzt weiß ich es«, sagt er dann. »Das Leben ist komisch«, fügt er noch hinzu.

Ich weiß, was er meint, auch ohne dass er es ausspricht. Die Kellnerin will kassieren. Das Lokal schließt. Er zahlt, dann stehen wir vor der Tür. Sehen uns an. Er hat mich nicht einmal angefasst, aber ich bin wie elektrisiert.

»Ich muss morgen früh raus und hab noch einen weiten Heimweg«, sagt er.

Nein! Bitte nicht! Bleib noch!

»Aber ich will noch nicht fahren«, fügt er nach einer kurzen Pause zum Glück hinzu. »Kennst du eine Kneipe, die noch aufhat?«

Wir gehen nebeneinanderher die Straße entlang. Nach ein paar hundert Metern kommen wir zu einem Eiscafé, in dem bei schummrigem Licht noch ein paar Gäste ausharren. Er geht rein. Ich folge ihm wie paralysiert.

Wir setzen uns an die Bar, er bestellt Prosecco auf Eis, wir schauen uns nur an. In meinem Bauch tobt ein Sturm der Windstärke sieben. Mindestens. Aus den Boxen im Hintergrund singt Leona Lewis »Bleeding Love«.

Er beugt sich zu mir. Ich rieche ganz intensiv diese ganz bestimmte Mischung aus Chanel, Leder und Zigaretten. Spüre seinen Atem an meiner Wange. Seine Lippen streifen sanft meinen Hals, fast, ohne mich wirklich zu berühren.

Meine Knie beginnen zu zittern. Er hat wunderschöne Lippen. Ich will mich vorbeugen und ihn küssen, aber ich tue es nicht. So sitzen wir da, keine Ahnung wie lange, bis die Kellnerin uns bittet zu zahlen, weil sie schließen muss.

Wir gehen. Es ist drei Uhr morgens. Er muss dreihundert Kilometer zurückfahren und in der Früh in seinem Geschäft sein. Er fährt mich zurück zu meinem Auto.

»Ich muss leider los«, sagt er.

»Okay«, sage ich. Bleib hier, denke ich.

»Schade, dass du so weit weg wohnst«, sagt er.

»Finde ich auch«, sage ich.

»Machs gut.« Er beugt sich zu mir und haucht mir einen Kuss auf die Lippen. Unendlich sanft, unendlich heiß. Ich will ihn küssen, spüren, berühren, alles Mögliche fragen, aber ich tue nichts davon, schweige, steige einfach nur aus, gehe zu meinem Auto und höre, wie er davonfährt. Den Rest dieser Nacht liege ich schlaflos im Bett und frage mich, ob ich ihn wiedersehen werde, oder ob das alles war? Er hat mich nichts gefragt, ich ihn nichts. Unsere Lippen haben sich nur kurz berührt, doch dieser Bruchteil einer Sekunde war intensiver und schöner als alle Sexabenteuer davor.

Der nächste Tag wird anstrengend. Alle fünf Minuten schaue ich auf mein Handy, checke meine Mails. Ich will ihn anrufen, tue es aber nicht. Wahrscheinlich liegt er zu Hause in den Armen seiner Frau und ich werde ihn nie wiedersehen.

Es ist kaum auszuhalten. Er hat keinerlei Anstalten gemacht, mir näher zu kommen. Vielleicht will er es ja gar nicht? Vielleicht gefalle ich ihm nicht?

Ich muss aufpassen, dass ich mit meiner Ungeduld und meinem Gefühlsüberschwang nicht alles kaputt mache. Ich kenne ihn kaum, ich weiß überhaupt nicht, warum ich so dermaßen auf ihn abfahre und mich kaum noch auf etwas anderes konzentrieren kann. Ich logge mich in eines der Portale ein und versuche, mich mit anderen Profilen abzulenken, es funktioniert aber nicht. Immer wieder sehe ich seine dunkelbraunen Augen, spüre diesen zauberhaften Moment, als wir kurz davor waren, uns zu küssen.

Ich gehe sogar in ein Kaufhaus und besprühe einen Teststreifen mit seinem Parfüm. Dann stecke ich ihn in meine Manteltasche und hole ihn immer wieder heraus, um daran zu schnuppern. Jedes Mal, wenn ich diesen Duft rieche, spüre ich ein Ziehen in meinem Bauch. Super, Siena!

Zwei Tage lang höre ich überhaupt nichts von ihm. Kein Lebenszeichen. Am dritten Tag frage ich mich irritiert und enttäuscht, ob ich mir das alles vielleicht nur eingebildet habe. Ich klicke sein Profil an. Es funktioniert nicht mehr. Abgemeldet. Mist! Ich hätte es kopieren sollen. Aber wer rechnet denn mit so etwas?

Am vierten Tag vereinbare ich ein Date mit Fred, Nickname Feuerflintstein_112. Um mich abzulenken. Um wenigstens mal kurz nicht an Tom denken zu müssen. Als ich mich für das Date zurechtmache, klingelt mein Handy. Er ist es! »Hi, Siena, was machst du heute Abend?«

Meine Knie beginnen zu zittern, mein Bauch kribbelt. »Nichts.«

»Ich habe noch einen Termin, könnte danach losfahren und kurz nach 23 Uhr da sein.«

Jajajajaja! »Okay, passt, bis dann«, antworte ich betont lässig. Ich sage Fred ab und verziehe mich in die Badewanne. Bin so nervös wie das letzte Mal mit 14, probiere drei verschiedene Outfits vor dem Spiegel, mahne mich dabei gebetsmühlenartig zur Vorsicht: Du hast diesen Typen im Internet kennengelernt, auf einem Seitensprungportal, halt deine Gefühle in Zaum! Nützt aber nicht viel. Ich bin so nervös, dass mir beinahe übel ist, als ich zum verabredeten Treffpunkt fahre.

Er ist schon da. Ich steige wieder in seinen Wagen. Wie beim ersten Mal ist da dieser besondere Duft. Er trägt wieder Jeans, diesmal ein weißes, enges Longsleeve-Shirt dazu und hat einen Dreitagebart, der ihm unverschämt gut steht. Eigentlich sollte ich aussteigen. Jetzt! Sofort! Bevor ich mich völlig verirre. Dieser Mann ist verheiratet, wohnt dreihundert Kilometer entfernt und sucht nur ein schnelles erotisches Abenteuer. Verschwinde, Siena, so schnell du kannst!

»Wollen wir was essen?«, fragt er. Ich nicke, hätte auch genickt, wenn er gefragt hätte, ob wir tiefseetauchen gehen.

»Ich hab viel an dich gedacht, Siena«, sagt er, als wir in einem thailändischen Restaurant sitzen. Er nimmt meine Hand. Streichelt mich. Seine Berührung geht mir durch und durch. Ich fühle mich wie berauscht, obwohl ich noch keinen Schluck Wein getrunken habe. Wir essen Hühnchencurry pikant. Er füttert mich, ich ihn.

Es wird ein wunderschöner romantischer Abend. Alles an diesem Mann fühlt sich so unglaublich vertraut und nah an. Zum Nachtisch zückt er sein Handy, klickt eine Bildergalerie auf. »Willst du meinen Hund sehen?«

Ich beuge mich zu ihm, er klickt durch die Bilder. Auf dem dritten steht neben dem Schäferhund eine bildhübsche, schlanke junge Frau mit glänzenden, langen blonden Haaren, auf dem vierten Bild ist nur die schöne Frau zu sehen.

»Das ist meine Frau«, beantwortet er meine nicht ausgesprochene Frage. Knock-out. Es fühlt sich an wie ein Schlag in den Magen. Irgendwie hatte ich die naive Hoffnung, dieser Mann könnte unverheiratet sein, obwohl in seinem Profil ausdrücklich »verheiratet« steht. Aber dem ist nicht so. Außerdem ist seine Frau eine Schönheit. Was sucht dieser Mann im Internet? Ich rücke ein Stück von ihm ab. Will einfach nur meine Gefühle unter Kontrolle bringen.

Der Kellner bringt das Essen, wir teilen uns einen Nachtischteller mit Honigbanane und Kokosbällchen. Ich schiebe den Teller zu ihm, mag nichts mehr essen, mir ist der Appetit vergangen. Ich werde nicht mit ihm schlafen, beschließe ich dabei. Die Gefahr ist zu groß. Denn wenn wir auch noch geilen Sex haben, bin ich rettungslos verloren. Ich bin jetzt schon dabei, mich Hals über Kopf in diesen Mann zu verlieben. Gleich nach dem Essen werde ich mich zu meinem Auto zurückbringen lassen, werde heimfahren, seine Mail-Adresse löschen und die Handynummer dazu.

»Schmeckt lecker«, sagt er. »Magst du nicht probieren?«

Ich schüttle nur den Kopf, vermeide es, in diese Augen zu blicken, werde den Rest des Abends den Blick auf das Muster der Tischdecke richten.

»Meine Frau und ich, wir lassen uns scheiden«, sagt er dann.

Ich schaue auf. Mit großen Augen. Kann kaum glauben, was ich eben gehört habe.

»Annalena hat mich nie geliebt, sie wollte nur ein Kind von mir und versorgt sein, ich habe das leider viel zu spät gemerkt«, erzählt er. Er klingt traurig.

»Tut mir leid.«

Tut es mir natürlich gar nicht. Im Gegenteil.

Tom zuckt mit den Schultern. »Ich bin selbst schuld. Tut inzwischen nicht mehr ganz so weh. Annalena ist schon ausgezogen, hat alles mitgenommen, auch den Hund. Und Feuerzeuge ...« Er lächelt etwas bitter. »In solchen Situationen lernt man einen Menschen erst richtig kennen. Stell dir das vor, sie hat sogar die Feuerzeuge mitgenommen. Aber sie kann nichts dafür. Sie wirft sich manchmal was ein, dann ist sie ein völlig anderer Mensch. Aber dafür habe ich die süßeste Tochter der Welt.«

Oh Mann! Einmal Hölle und zurück. »Aber, wenn du quasi Single bist, warum suchst du dann auf einem Seitensprungportal nach Frauen?«, will ich atemlos wissen.

Tom lächelt so süß, dass ich ihn am liebsten auf der Stelle umarmen würde. »Weil ich nicht weiß, ob ich schon bereit bin für eine neue Beziehung.«

»Hast du schon viele Frauen über dieses Portal getroffen?«, frage ich dann doch und bin jetzt schon eifersüchtig auf jede Frau, deren Profil er auch nur eine Millisekunde lang angeschaut hat. Mist!

»Eine«, nickt er.

Ich will's nicht wissen, frage aber trotzdem. »Und?«

»Nichts, die Frau war sehr nett. Wir haben uns gut unterhalten. Es war ein angenehmer Abend. Aber sie sah ganz anders aus als auf ihrem Profilbild. Sie war gar nicht mein Typ.«

Und ich? Bin ich sein Typ? Bisher haben wir uns auch nur gut unterhalten. Er sieht auf die Uhr. »Es ist schon spät, gehen wir?«

Wohin? »Ja.«

Vor der Tür bleibt er stehen, zieht mich an sich. Seine Lippen berühren meine, erst ganz sanft, dann immer fordernder. Er küsst unglaublich gut, er riecht herrlich, ich versinke in ihm. Seine Hände gleiten über meinen Körper, ich reibe mich an ihm. Plötzlich lässt er mich los. »Ich habe für uns ein Hotelzimmer reserviert«, sagt er. »Wenn du magst ...«

Ich kann nur nicken und wünsche mir, wir wären schon dort.

Mit wild klopfendem Herzen stehe ich ihm eine halbe Stunde später im Hotelzimmer gegenüber. Er sieht mir in die Augen, streichelt mein Gesicht, küsst jeden Zentimeter. Zieht mich ganz langsam aus. Ich stehe einfach nur da, zittere vor Verlangen, als seine Zunge über meine Brustwarzen fährt. Ich bin feucht, habe das Gefühl, gleich überzulaufen.

Er legt mich aufs Bett und küsst mich am ganzen Körper. Dabei schält er sich aus seinem Shirt und aus seiner Hose. Ich spüre seinen harten Schwanz an meinem Oberschenkel. Ohne hinzusehen, weiß ich, dass er genau die richtige Größe hat. Während er mich weiter küsst, dringt er endlich langsam in mich ein. Stößt ganz sanft, küsst mich dabei. Ich habe seine Zunge in meinem Mund und seinen Schwanz zwischen den Beinen, als ich komme wie noch nie. Ich bin wie von Sinnen, meine Oberschenkel vibrieren.

Wir machen eine kurze Pause, ich schmiege mich an ihn, dann merke ich, wie seine Lust wieder erwacht, genau wie meine. Ich will in dieser Nacht nicht schlafen, will so viel wie möglich von ihm in mir aufsaugen. Aber irgendwann schiebt er mich sanft zur Seite. »Ich muss leider los, Siena. Du kannst ja noch liegen bleiben.«

Er küsst mich zärtlich, zieht sich an und geht. Bevor er geht, wirft er mir noch eine Kusshand zu.

Völlig benommen schaue ich ihm nach. Sehen wir uns jemals wieder? Oder war es das? Das erotische Abenteuer, das wir beide wollten.

Nein, das war kein Abenteuer. So hat es sich nicht angefühlt, zumindest nicht für mich. Ich habe mich bis über beide Ohren in Tom verliebt. Will nur noch ihn. Wie auf Wolken schwebe ich nach Hause. Klicke meine Mails auf. Hoffe auf eine Nachricht. Umsonst.

Die nächsten beiden Tage meldet er sich nicht. Als ich das Schweigen nicht mehr aushalte, rufe ich ihn an. Mailbox. Immer wieder wähle ich seine Nummer, erreiche immer wieder nur die Mailbox. Bombardiere ihn mit Mails. Keine Antwort. Als ich am dritten Tag kurz davor bin, wahnsinnig zu werden, liegt eine Mail von ihm in meinem Postfach: *Liebe Siena, entschuldige bitte mein Schweigen, aber es ist etwas geschehen. Als meine Frau merkte, dass ich es mit der Scheidung ernst meine, hat sie einen Selbstmordversuch mit Tabletten unternommen. Mit letzter Kraft hat sie mich angerufen. Ich bin gleich zu ihr und habe sie ins Krankenhaus gebracht. Zum Glück war es noch rechtzeitig und alles ist gut ausgegangen. Inzwischen ist sie wieder zu Hause. Tom.*

Wie erstarrt sitze ich vor meinem Computer und lese diese Mail wieder und wieder. Mein Kopf dröhnt, mein Bauch rebelliert. Das wars also mit Tom. Er wird mit seiner schönen Frau noch mal von vorne anfangen. Ich sehe das Paar in ihrem neuen Glück geradezu vor mir. Wie er sich mit seiner schönen Frau versöhnt. Wie sie gemeinsam mit dem Schäferhund herumtollen. Quälende Bilder in meinem Kopf. Masochismus pur! Selber schuld! Wie naiv kann man sein?

Nach einer Stunde voller selbstquälerischer Gedanken schreibe ich ihm eine Mail. *Lieber Tom. Ich bin sehr froh, dass alles*

gut gegangen ist. Unter diesen Umständen ist es sicherlich besser,
wenn wir uns nicht wiedersehen. Ich wünsche dir alles Gute für
dein weiteres Leben. Siena. Senden, weg.

Ich habe dann alles gelöscht, was mich an Tom_2610 erinnerte. Und zwei Tage lang geheult wie ein Schlosshund.

ÜBERALL TOM

Luis, Nickname: silversurferoneotu

Profil: Knisternd und zärtlich, spannend – aber dennoch vertrauensvoll –, großzügig und genießerisch, ein wenig luxuriös – aber trotzdem mit Bodenhaftung –, abwechslungsreich, ein intensiver Austausch unserer Liebes- und Lebenserfahrungen – so in etwa könnte ich es mir mit dir vorstellen. Optisch habe ich einiges zu bieten: Ich bin ein dunkler Typ mit leicht mediterranem Einschlag. Ein erstes Treffen stelle ich mir in einer netten Weinbar oder bei einem Spaziergang am See vor. Ich suche Abenteuer und Abwechslung, eine wunderbare Frau, die mit mir ihre erotischen Wünsche verwirklicht und neue Erfahrungen macht. Für schöne Stunden fahre ich auch gerne ein Stück ...

Tag acht nach dem Super-GAU mit Tom. Die Geschichte hat mir mehr zugesetzt, als ich glaubte. Ich muss ständig an ihn denken, spüre seine Lippen, seine Hände auf meiner Haut. Er fehlt mir. Ich habe wieder angefangen zu rauchen – nach einem Jahr Abstinenz. Und ich trinke viel zu viel.

Ich versuche, jeden Abend unterwegs zu sein, um mich irgendwie abzulenken und nicht an ihn denken zu müssen. Gelingt natürlich gar nicht. Immer wieder sehe ich sein Gesicht vor mir, spüre diesen magischen Moment unseres ersten Kusses, höre »Bleeding Love« in einer Endlosschleife, lasse jede Minute unserer Dates Revue passieren.

Immer wieder ertappe ich mich dabei, wie ich in der Parfümabteilung stehe und an seinem Duft schnuppere. Von ihm hab ich kein Wort mehr gehört. Keine Mail, keine SMS, kein Anruf, nichts. Irgendwie hatte ich gehofft, es würde Widerspruch auf meine Abschieds-Mail kommen. Eine »Es ist nicht so, wie es scheint«-Mail. Naiv, ich weiß. Es kam nichts, außer brutalem, zermürbendem Schweigen.

Am neunten Tag logge ich mich wieder in das Seitensprungportal ein. Beim letzten Liebeskummer hat das ja schließlich auch ganz gut geklappt! Silversurferoneotu ist der neueste Vorschlag in meinem Postfach. Ich öffne sein Profil. Das Foto zeigt einen sympathischen Mann in einem Liegestuhl am Strand irgendwo am Meer. Er sieht aus wie ein Italiener, grinst frech in die Kamera. Optisch passt er. Auch die anderen Angaben gefallen mir.

Ich schreibe Luis eine kurze Mail und schlage ihm ein Date für den nächsten Abend vor. Für Tag zehn nach Tom. Er sagt zu, schreibt, dass er sich auf mich freut. Ich mich nicht wirklich auf ihn, aber egal. Wir verabreden uns in einer Pizzeria.

Für diesen Abend style ich mich besonders sorgfältig. Bin wild entschlossen, mit diesem Luis zu vögeln und jede Erinnerung an Tom zu vertreiben. Lass ihn nur ein kleines bisschen sympathisch sein, flehe ich, während ich auf ihn warte.

Er kommt pünktlich. Und ist nicht nur ein bisschen sympathisch, sondern ein echter Traumtyp. Coole, lässige Ausstrahlung, sieht noch besser aus als auf seinem Foto und grinst genauso frech wie im Liegestuhl am Meer. Ein Mann, dem die Mädels auf der Straße nachsehen, den sicherlich keine von der Bettkante stoßen würde. Er grinst mich lässig an. »Bist du Siena?«

Ich nicke, er setzt sich neben mich, mustert mich aufmerksam, nickt dann. »Passt, das wusst ich aber, hatte ein gutes Gefühl bei dir.«

Er riecht gut.

Wir setzen uns an einen freien Tisch in einer gemütlichen Ecke. »Warum suchst du Sex übers Internet?«, will ich gleich wissen.

Luis grinst wieder so unwiderstehlich. »Weil ich etwas suche, was ich bis heute noch nicht gefunden habe und keine Möglichkeit unversucht lassen will.«

Zum Dahinschmelzen! So eine wunderbare romantische Begründung für etwas so Unromantisches wie ein Seitensprung-Date via Internet.

»Und du?«

»Weil ich vergessen will«, sage ich ehrlich und sehe Toms Gesicht vor mir.

Luis beugt sich vor, streicht liebevoll eine Haarsträhne aus meinem Gesicht. »Dann lass uns zusammen suchen und vergessen.«

Ich zucke bei seiner Berührung ein bisschen zusammen, weiß nicht warum. Er merkt es, zieht seine Hand wieder zurück und beschäftigt sich mit der Speisekarte. Wir essen Pizza Primavera, lachen und reden viel, es ist ein sehr schöner Abend. Es fühlt sich vertraut an, als würden wir uns schon länger kennen. »Wollen wir noch ein Stück zusammen gehen?«, fragt er, als wir nach dem Essen auf der Straße stehen.

»Gern.«

Wir laufen nebeneinanderher. »Ich wohne nicht weit weg, wir können noch auf einen Absacker zu mir, wenn du willst. Ich mix die besten Caipis der Welt!«, lädt er mich ein.

Ich sage nichts. Ich wünschte, ich würde wollen. Luis ist süß, ich fühle mich sehr wohl mit ihm und wir hätten sicher eine geile Nacht.

»Ich will dich nicht drängen«, sagt er, als ich schweige. »Wir haben Zeit.«

»Was ist mit deiner Frau?«

»Freundin«, korrigiert er. »In meinem Profil steht gebunden. Hat sich aber letztens geändert. Wir sind seit zwei Monaten getrennt. Ich bin gerade Single.«

Unfassbar. Auch dieser Traumtyp ist noch zu haben!

Er greift nach meiner Hand, streichelt sie zärtlich mit einem Finger, fühlt sich eigentlich gut an. Eigentlich. Aber irgendwie ...

Wir kommen an einem kleinen Park vorbei, Luis zieht mich hinein, lehnt mich gegen einen Baum, sieht mich an, streichelt über mein Gesicht. Sehr zärtlich, sehr liebevoll. Will mich küssen. Ich spüre seine Lippen auf meinen, sonst nichts. Plötzlich habe ich wieder Toms Gesicht vor Augen, rieche sogar sein Parfüm. Ich kann das nicht! Ich kann diesen Luis nicht küssen, wie ich Tom geküsst habe.

Luis' Lippen wandern über meinen Hals, immer tiefer, mit der rechten Hand schiebt er mein Shirt nach oben. Ich spüre seine Hand auf meiner Haut. Es regt sich gar nichts. Im Gegenteil. Es ekelt mich nur an. Ich wünschte einfach nur, es wäre Tom, der mich küsst, Tom, der mich berührt. Selbst wenn ich Tom nicht haben kann, das mit Luis geht nicht. Gar nicht.

»Gehen wir zu mir«, flüstert er mir heiser ins Ohr. Ich spüre den steifen Schwanz in seiner Hose. Es geht nicht. Ich kann nicht mit ihm ficken. Ich will gar nichts von ihm. Sanft, aber bestimmt schiebe ich ihn weg. Er wird energischer. Seine Augen funkeln. »Komm schon, sei nicht so«, raunt er in mein Ohr. »Du willst es doch auch, zier dich nicht so!«

Stimmt! Noch vor zwei Wochen hätte ich liebend gern mit Luis gevögelt, am besten gleich hier im Park. Aber heute geht es nicht. Tom ist überall.

Luis drückt sich gegen mich, küsst mein Gesicht ab. Ich will nur noch weg. Er drückt kräftiger, so einfach kann ich seiner Umarmung nicht entkommen. Ich winkele mein Knie an und ramme es zwischen seine Beine. Nicht fest, ich will ihn ja nicht verletzen, nur stoppen ...

Treffer! Er lässt von mir ab, verzieht schmerzhaft das Gesicht. »Ey, spinnst du? Du blöde Kuh, was soll der Scheiß?«, schimpft er.

»Tut mir leid, aber ...«

»Erst scharfmachen, dann wegschicken, dämliche Tusse!«

»Sorry, ich …«

»Lass stecken. Vergiss es!« Luis winkt ab, tippt sich mit dem Zeigefinger gegen die Stirn und verschwindet.

Frustriert blicke ich in den Himmel über mir. Tausende Sterne funkeln. Es ist eine Vollmondnacht. Ich fühle mich leer. Es funktioniert nicht mehr. Tom hat alles kaputt gemacht. Nein, nicht Tom, ich bin ganz allein schuld. Wie dumm muss man sein, um sich Hals über Kopf in einen verheirateten Typen zu verlieben, den man im Internet auf einem Seitensprungportal kennengelernt hat? Ich gehe nach Hause und lösche noch am gleichen Abend überall mein Profil.

Eine Woche später liegt eine Mail von Tom in meinem Postfach. Einen ganzen Tag lang schleiche ich um sie herum. Statt sie zu öffnen, überlege ich mir, was wohl drin stehen könnte. *Liebe Siena, der Selbstmordversuch meiner Frau hat mir die Augen geöffnet, ich liebe sie und wir starten einen neuen Anfang. Leb wohl und viel Glück.*

Das war die Version, auf die ich mich mit meiner masochistischen Fantasie einigte. Mitten in der Nacht nach einer Flasche Rotwein nehme ich dann all meinen Mut zusammen und öffne die Mail.

Liebe Siena. Entschuldige mein langes Schweigen. Ich musste mir erst über einige Dinge klar werden, einige Dinge regeln. Meine Exfrau und ich haben lange Gespräche geführt und sind uns einig, dass es für uns kein gemeinsames Leben mehr gibt. Sie wird in die Scheidung einwilligen, ich werde sie bei ihrem Neuanfang natürlich unterstützen. Ich bin noch immer nicht sicher, ob ich für eine neue Beziehung bereit bin, würde es aber gern mit dir versuchen. Gibst du uns eine Chance? Kuss, Tom.

Ungläubig starre ich auf den Bildschirm. Meine Gefühle fahren Achterbahn. Auf diesen wunderbaren Schrecken hole ich erst mal eine zweite Flasche Rotwein und lese die Mail wieder und wieder, schließe sie, öffne sie wieder, nur um sicherzugehen, dass ich nicht fantasiere. Dann schreibe ich »Ja« zurück. Einfach nur »Ja«.

Tom ist am darauffolgenden Wochenende zu mir gekommen. Es war traumhaft. Der schönste, intensivste, zärtlichste Sex, den ich jemals gehabt habe. Wir haben stundenlang geredet.

Seitdem sind wir zusammen. Noch ist es eine Fernbeziehung, aber ich hoffe, dass sich das möglichst bald ändert. Ich bin sehr glücklich mit Tom. Alles ist perfekt. Fast alles. Denn wenn ich ganz ehrlich bin, muss ich zugeben, dass tief in meinem Inneren noch ein winzig kleiner Zweifel sitzt. Wir haben uns im Internet über ein Seitensprungportal kennengelernt. Wer sagt mir, dass er es nicht wieder tut? Vielleicht nicht jetzt, aber irgendwann ...

DIE AUTORIN

Siena Schneider wurde Ende der 70er Jahre in Heilbronn geboren. Sie studierte Politikwissenschaften und Amerikanistik in München. Nach dem Studium lebte sie an der Ostküste der USA. Als sie nach Deutschland zurückkehrte, arbeitete sie unter anderem als Redakteurin für Frauen- und Lifestyle-Magazine und als freie Autorin. Angetrieben haben sie schon immer eine unbändige Neugier, ihre Abenteuerlust und die Freude am Experimentieren, im Job wie im Privatleben.

Siena Schneider
33 MÄNNER IN 33 NÄCHTEN
Ein erotisches Experiment
ISBN 978-3-89602-942-3
Lektorat: Maren Konrad, Mareike Pörner

KATALOG

Wir senden Ihnen gern kostenlos unseren Katalog
Schwarzkopf & Schwarzkopf Verlag GmbH / Abt. Service
Kastanienallee 32 | 10435 Berlin
Telefon: 030 – 44 33 63 00 | Fax: 030 – 44 33 63 044

INTERNET | E-MAIL

www.schwarzkopf-schwarzkopf.de
info@schwarzkopf-schwarzkopf.de